はじめに

　保育において、環境を考えることは基本中の基本です。しかし、無意識のうちにさまざまな「枠」に囚われ、実践が行き詰まる、園生活に切れ目が生じる、資源や人材が活かされないということも多いのではないかと思います。

　本書は、そうした「枠」を逆手に取り、子どもも大人ももっとワクワクできる保育を創造するためのアイデアブックです。これまで注目されてこなかった空間や時間の魅力を活かした実践、職員の多様な働き方や活躍の仕方を創出する試み、地域やそこに暮らす人々とより豊かな関係構築を目指した取り組みなど、全18事例を紹介します。保育が目まぐるしく変容するいまだからこそ、これまでの環境を見つめ直し、これからの展望をともに描き出していきましょう。

　事例の提供・執筆は、清心幼稚園の栗原啓祥先生、武庫・立花愛の園幼稚園の濱名潔先生です。以下、それぞれの園について簡単に紹介します。

境愛一郎

幼保連携型認定こども園清心幼稚園（群馬県前橋市）

　1895（明治28）年、アメリカンボードの宣教師と地元の有志によって、群馬県前橋市に創設したキリスト教主義の幼稚園です(**写真1、2**)。子どもたちが平和な世界と社会を作る人間として育つようにともに励んでいます。2015年に幼保連携型認定こども園に移行しました。現在は満1歳児からお受けしています。保育定員は95名（1号認定15名、2号認定50名、3号認定30名）、職員数は約25名です。7時30分から19時まで保育しており、預かり保育や一時保育も設置しています。

　子どもにとって身近な環境・地域の中で、遊びの中で多様に想像、対話、表現する生活を楽しんでいます。時間や手間がかかることも大事にしながら、じっくり育ちあうことを大切に過ごしています。

（写真1、2）清心幼稚園

幼稚園型認定こども園武庫愛の園幼稚園 および幼稚園型認定こども園立花愛の園幼稚園（兵庫県尼崎市）

　1950年代に地域の要請に応えて開園され、創設者・濱名ミサヲ氏の「以愛為園」（愛をもって園となす）を建学の精神としています。武庫愛の園幼稚園は約530名（1〜6歳児）を受け入れ、約65名のスタッフが保育・教育に携わっています（写真3）。立花愛の園幼稚園は約520名（1〜6歳児）が在籍し、約60名の職員が子どもたちを支えています（写真4）。

　両園とも「愛と信頼」を基盤とする保育理念のもと、知育・徳育・体育・食育の4つの柱を掲げています。また遊びや生活を通して、子どもの困難に向き合う力や思いやりの心、主体性を育むことを重視しています。他にも、自然体験豊かな園外保育や専任栄養士による食育指導（詳細は濱名（2018）＊を参照）など多彩な取り組みを行っています。

　子育て支援の一環として働く保護者を支援するため、月〜土曜の7:30〜18:30までの預かり保育体制を整備し、両園とも約半数以上の家庭が預かり保育を利用しています。2025年からは地域の子育て環境の充実にさらに力を注ぐため、立花愛の園幼稚園敷地内に子育て支援センター「Cnopp（クノップ）」を開設しました。

（写真3）武庫愛の園幼稚園
（写真4）立花愛の園幼稚園

＊濱名清美（2018）『食育と保育をつなぐ—こどもをまん中においた現場での実践』建帛社

CONTENTS

はじめに ……………………………………………………………………………… 002

序章　これまでの保育環境を問い直してみよう ……………… 009

① 保育環境の探究をはじめよう …………………………………………… 010
　基本としての「環境を通して行う保育」／保育における環境とは

② 「はじめの100か月の育ちビジョン」とこれからの保育環境 ………… 011
　「こどもまんなか社会」の実現に向けて

③ 保育環境の探究を妨げる「枠」 …………………………………………… 013
　保育環境に関する探究の傾向／場所の「枠」を見直す／領域の「枠」を見直す／
　時間の「枠」を見直す／目的の「枠」を見直す／役割の「枠」を見直す

④ 「枠」を見直すとワクワクがみえてくる!? ……………………………… 017
　ワクワクするような保育を創造する第一歩

第1章　空間から環境の構成を考える ……………………… 019

1 「仕切り」がつくる新たな環境——限られた空間を活かしながら …… 020

① 新たな空間をつくる仕切り
② 遊び場を多用にする仕切り
③ 空間の雰囲気が変わる仕切り
④ 感覚を変える仕切り

2 世界観を投影して遊ぶ保育空間 ……………………………………… 024

① スイカで遊んでみたい！
② 保育室をスイカにしちゃおう！
③ 2つの着眼点　シンプルさと未体験
④ 隠れるくらいに暗くしたい

3 園と地域とを行き来する面白さ——園の内側と外側という「枠」を超えて …… 028

① 園外の環境を園生活に取り入れる
② 園内の環境を園外保育に持ち込む
③ フィールドワーク的な散歩を楽しんでいます
④ 交流を通して育まれること

4　園生活を充実させる通園バスのあり方 ──── 034

① 通園バスは安全・安心だけでいい？
② 通園バスの時間の見直し
③ 通園バスならではの魅力とは？
④ 「行き」と「帰り」の子どもの姿から、バスの過ごし方を考える
⑤ 通園バスの環境で大切なポイント

5　大人たちの場を考える ── 休憩室が完成するプロセス ──── 040

① ホッとできない休憩の見直し
② 休憩室！？　そんなのいらない！　声の大きな一部の意見≠みんなの意見！？
③ 休憩室でどう過ごしたい？　理想を出し合う
④ 新しい休憩室で休憩はどう変わったか
⑤ 職員主体の休憩室づくり3か条

6　イマジネーションとリアリティの境界を遊ぶ
　　── 「〜かも」を面白がりながら ──── 044

① 「あの人、どうしてかたまってるの？」
② 気になるので、何度も会いに行きました
③ 子どもも自分の「心」を作ってみました
④ 互いの関係が寛容になっていく　「〜かも」を園全体で緩く共有

> 第1章まとめ ──── 050

第2章　時間から環境の構成を考える ──── 053

7　子どもがワクワクするおやつ時間 ──── 054

① ワクワクしない、いつものおやつ
② 家庭的なおやつとは？──駄菓子屋さんごっこの誕生
③ 紙芝居屋さんがやってきた！
④ 保育における「おやつ時間」の可能性

8　落ち着く、気を抜く、解放する夕方の保育 ──── 058

① 午後の保育環境の見直し──午前と午後で子どもの姿が全然違うよね
② 子どもの気持ちが発散できる室内保育環境とは？
③ 五感で感じる外遊びへの転換

9 平日にはできないことを可能にする「土曜保育」 ………………… 062
① 土曜保育を見直すきっかけ
② 子どもの楽しみになる土曜保育とは？　たくさんの「やりたい」を実現させたい
③ 土曜保育の自由度の高さが可能にすること
④ 土曜保育で大切なポイント

10 行事はゴールではなくスタートの日!?
時の流れを切らない試行錯誤 ………………… 068
① 歴史を紡ぎながら変容してきました
② コロナ禍のショックが変容してきました
③ 多様な参加が可能なプログラムを考えました
④ 再開する不安とワクワク
⑤ 時の流れを切らないで考えていく

11 年度替わりの時間的環境を見直そう──「区切り」から「移行」へ ……… 074
① 保育者にとっての年度替わり：カリキュラム・マネジメントは楽しく、少しずつ！
② 子どもにとっての年度替わり：急な変化ではなく、少しずつ慣れていく
③ 保護者にとっての年度替わり：子どもの育ちの見通しを伝えることの大切さ
④ 年度替わりを「移行」の視点で考えよう

12 素材も遊びもとっておこう！「ディスプレイ」で続きを楽しむ …… 080
① 素材と場をディスプレイする
② 遊びのプロセスをディスプレイする
③ 体験型ディスプレイの空間に

> 第2章まとめ ………………… 084

第3章　人から環境の構成を考える ………………… 087

13 保育者の姿を「見せる」ことで「魅せる」保育環境 ………………… 088
① 保育者の何を見せる？
② 「糀づくり」を見せるとしたら？
③ 保育者がやっていることへの興味が深まっていく
④ 保育者もじっくりと保育を開拓していく

14 調理員、用務員が子どもにもたらす豊かな経験 ……… 094

① 調理員の活躍
② 用務員の活躍
③ 保育者でない大人との交流が子どもにもたらすもの

15 保護者と園のコラボレーション
──「幸の会」との協同的なかかわりを通じて ……… 100

① 保護者組織「幸の会」とは？
② 最近の協同的なかかわり
③ 子どもの園生活を支える保育環境へ

16 アーティストと園が相互成長する関係性 ……… 104

① 出会いはワークショップの現場
② 「そういうのもいい！　面白い！」と言われて、思わずのっちゃう子どもたち
③ どうなっていくかを楽しむワクワク感を続けたい
④ 「子どもたちのいろいろな表情を発見できた」
⑤ アーティストと園が相互成長する関係性とは？

17 地域の専門店とつくる「食」を通じたかかわり ……… 110

① 専門店ならではの豊かさと出会う
② 2つの「ぬかちゃん」を大事にしました
③ 地域の方とつくる保育環境の可能性

第3章まとめ ……… 116

終章 これからの保育環境を創造しよう ……… 119

① 「枠」を超えるとワクワクが見えてきた！
② これからの保育環境を創造していくために
③ まだまだ尽きないワクワクの鉱脈

18 保育環境における「色」を考える ……… 124

おわりに ……… 130

8

序　章

これまでの保育環境を
問い直してみよう

① 保育環境の探究をはじめよう

基本としての「環境を通して行う保育」

　保育において、環境が重要であることはもはや言うまでもありません。1989（平成元）年の幼稚園教育要領の改訂において、幼稚園教育は「環境を通して行うものである」ことが明記されて以降、多くの実践者・研究者の尽力によって、「環境を通して行う」ことが、我が国の保育の基本として広く浸透しつつあります。2022（令和4）年には、内閣府・文部科学省・厚生労働省によって『幼保連携型認定こども園における園児が心を寄せる環境の構成』が示され、施設種別にかかわらず、今一度「環境を通して行う保育」の考え方や方法を確認し、実現に向けた取り組みを進めていくことが期待されています。

　人間の発達や生活は、その周囲の環境と密接に結びついており、環境とのかかわり合いのなかで、必要な資質・能力、文化などが培われていくと考えられています。なかでも、心身の発達が著しい乳幼児期に経験する環境は、その後の人生にとって、ひときわ重要な意味をもつといえます。「環境を通して行う保育」とは、そうした前提のもと、子どもと環境との豊かな相互作用を意図的、計画的に創り出していこうとする営みです。

保育における環境とは

　ずばり環境とは、子どもを取り巻くすべてのものです。保育室や園庭に代表される空間、遊具や道具といった物、保育者や他児をはじめとした人など、保育空間に存在するありとあらゆる要素がそれに該当します。

　これらの要素は、個々に存在するのではなく、相互に関連し合っています。例えば、構造上は同じ道具であっても、存在している空間、用いる人々によって、それがもつ意味は大きく変化します。無数の要素の結びつきによって、子どもを取り巻く環境が成立していると考えることが大切です。保育者等が、意図やねらいをもって保育の環境を操作する行為を環境構成といいますが、これは網の目のような諸要素のつながりを見通し、適切に介入するという高度な専門性を伴うものなのです。

　ところで、子どもを取り巻く環境は必ずしも目に見えるものとは限りません。空間や遊具の陰に隠れがちですが、時間や温度、明暗といった要素もまた、子どもの経験に大きな影響を及ぼす環境と認識する必要があります。加えて、子どもの活動と関連する規則や慣習、文化や歴史といった存在も忘れてはいけません。どれほどすばらしい部屋や遊具があったとしても、活動に適さない温度や明るさであったり、遊びを過度に制限する「お約束」があったりしたならば、豊かな経験など生まれるはずがありません。

　反対に、過去の経験や地域の伝承などが、ありふれた物に途轍もない価値を与えること

もあるでしょう。保育環境を考えるうえでは、目に見えるもの以上に、目に見えない要素に敏感でなければなりません。

なお、保育環境については、「保育教諭等によって、園児の実態や育ってほしい方向性を基に意図的、計画的に構成された教育的及び保育的に「意味のある環境」」と、より限定的に定義される場合もあります（内閣府・文部科学省・厚生労働省, 2022）。しかし、先述の通り、子どもを取り巻く環境があらゆる要素の複雑なネットワークである以上、まったく「意味のない環境」の存在は想定しがたいといえます。また、保育実践は、子どもと保育者の双方向的なやりとりによって展開されるため、保育者の意図や計画が常に先にあるとは限りません。つまるところ、保育環境とはやはり子どもを取り巻くすべてのものであり、ありとあらゆる試行錯誤が可能な探究の宝庫なのです。

② 「はじめの100か月の育ちビジョン」とこれからの保育環境

「こどもまんなか社会」の実現に向けて

2023（令和5）年12月、「幼児期までのこどもの育ちに係る基本的なビジョン」（はじめの100か月の育ちビジョン）が閣議決定されました。このなかでは、「こどもまんなか社会」の実現を目指し、あらゆる立場や分野の人々が連携し、包括的で途切れのない支援体制を構築していくことが強調されています（図1）。

（図1）それぞれのこどもから見た「こどもまんなかチャート」

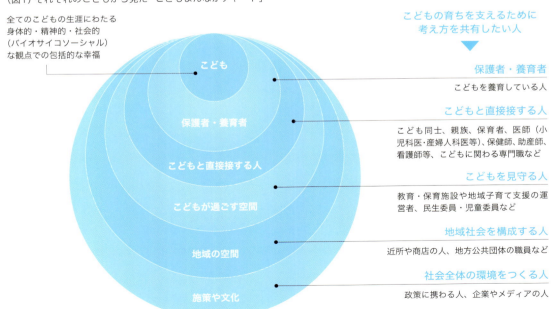

＊空間には、幼児教育・保育施設や子育て支援の施設のみならず、公園や自然環境、デジタル空間を含む
出典：こども家庭庁「幼児期までのこどもの育ちに係る基本的なビジョン」（はじめの100か月の育ちビジョン）25頁、令和5年12月22日

このビジョンは、これからの保育環境を考えていくにあたっての、いくつかの重要な視点を示しています。

　第一に、子どもの生涯にわたるウェルビーイング、すなわち身体的・精神的・社会的な幸せの向上が目指されていることです。「くつろいだ雰囲気の中で子どもの様々な欲求を満たし、生命の保持及び情緒の安定を図ること」（厚生労働省, 2018）自体は、これまでの保育においても大切にされてきました。本ビジョンでは、安心して過ごせる環境と遊びを促すための挑戦的な環境が循環的に働くことにより、子どもの資質・能力が育まれていくという考え方がより明確に示されています。

　また、そうした子どもを支える環境の厚みを増していく必要があること、保育者をはじめとした子どもを取り巻く大人のウェルビーイングの向上も不可欠であることにも触れられています。安心と挑戦とが循環し、子どもも大人も幸せな保育を実現するためには、どのような環境が望ましいでしょうか？　少なくともそれは、子どもに息もつかせぬほどの「育ち」の刺激を浴びせ、「子どもファースト」の名のもと、保育者らに自己犠牲を強いる環境ではないことは明白です。

　第二に、子どもの育ちの質には、保護者や保育者だけでなく、地域や社会を構成するあらゆる人々が直接的・間接的に関与しているといったエコシステム的な観方が強調されていることです。このなかで、保育者には家庭への支援や地域との連携を図る役割、つまり、システムの要となって、子どもの育ちを支える環境全体を構成していくことが求められています。

　以上のような視点は、保育環境や環境構成という言葉の範囲を拡張するものといえます。子どもを取り巻く環境は園の敷地内だけで完結するものではなく、環境構成とは保育室や園庭を整えることに留まらないという認識がこれまで以上に必要となるでしょう。また、家庭や地域と一時的に連携するだけでなく、切れ目なく連続する子どもが生きる環境としてとらえ、継続的で発展的な関係構築を模索していかなければなりません。

　第三に、子どもの育ちにかかわる「切れ目」の存在について言及していることです。ビジョンのなかでは、主に誕生前後、就園前後、就学前後といったライフステージの節目で生じる支援の「切れ目」を問題視し、連続的に子どもや家庭を支援する環境づくりが目指されています。ただし、ここでは「切れ目」という概念をもう少し拡大して解釈してみたいと思います。

　保育のプロセスを見直してみると、いくつかの支援の「切れ目」と呼べる時間が見つかります。まず、年度の間で担任替えやクラス替え、長期休みが生じる園は多いと考えられますが、その間の引継ぎや配慮が十分でない場合、子どもの経験に「切れ目」ができる可能性があります。また、一日の園生活のなかでも、活動と活動のつなぎ、主たる活動とそれ以外の時間のあいだに「切れ目」ができてしまうこともあるかもしれません。

　例えば、子どもが通園バスに乗って家と園を行き来している時、その子の経験に対してどれほどの配慮がなされているでしょうか？　さらに、保育士・幼稚園教諭とそのほかの職

員、園と地域とのあいだに壁があったとすれば、それもある種の「切れ目」を生み出すかもしれません。これからの保育においては、あらゆる時間的、空間的な「切れ目」をなくし、子どもの生活と育ちを総合的に豊かにしていく発想が求められるといえます。

　総じて、「はじめの100か月の育ちビジョン」を見据えた保育では、保育環境を物理的にも概念的にも広い視野でもってとらえていく必要があるといえます。安心と挑戦とが循環し、家庭や地域社会と継続的かつ発展的に関係し合い、子どもの育ちを時間的にも物理的にも切れ目なく支える保育環境を実現するためには、これまで以上に柔軟かつ大胆な発想が必要になるかもしれません。思い立ったが吉日、ともに保育環境の探究をはじめましょう！∷

③ 保育環境の探究を妨げる「枠」

保育環境に関する探究の傾向

　保育環境を探究するうえで、先人たちの知見を活用しない手はありません。幸いなことに、保育環境は実践的にも学術的にも最も重要なテーマの一つであるため、論文や資料は膨大に存在します。

　ところで、これらの知見について、山田（2011）は「ある設定された空間の中でいかに子どもたちが活動しているかを客観的に捉える建築計画的な視点とある設定された空間の中でいかに豊かな保育を行うかに偏る保育現場の視点に二分されている」と整理しています。また、空間的環境に関する論文を網羅的に整理した中田（2020）は、「保育の質向上のために子どもが滞留する場をどのように設定するか」を見出す研究が中心であることを明らかにしています。

　二つの説明をまとめると、保育環境に関する研究の多くは、あらかじめ何らかの「枠」を想定し、そのなかの出来事を考える方法が採られてきたと理解することができます。具体例としては、年少児の表現活動の発展を目標に、保育室に存在する物や人の配置を検討する研究などがあげられます。

　以上のような方法は、研究の目的や対象を明確化し、着実に成果を重ねていくためには必要不可欠ともいえます。しかしながら、「枠」に支配されることは、保育環境を分断し、人々の営みを特定の空間や時間のなかに閉じ込めてとらえてしまう危険も含んでいます。加えて、保育室や園庭など、人や活動が集中する「重要そうな環境」に探究が集中する一方、そうでない環境への無関心を招くという可能性もあります。これからの保育環境を模索していくうえで、無意識のうちに「切れ目」や「偏り」を生み出す「枠」は大きな障害となりかねません。そこで、環境の探究を妨げるかもしれない「枠」について見直してみましょう。

場所の「枠」を見直す

　保育室や園庭が保育の二大拠点であることは疑いようがなく、今日では、子どもの実態や保育者のねらいを反映した多種多様な設計がみられます。また、室内に相互に関連する複数の遊び拠点を配置するコーナー保育（小川, 2010）をはじめとした、数々のすぐれた実践方法が開発されています。しかし、それゆえに、子どもの活動を保育室や園庭のなかだけで解釈してしまう、保育室や園庭に存在する物や人にばかり注意が割かれてしまうという状況に陥っていないでしょうか？　場所の「枠」を超えた生活や遊びのつながりを見落としていないでしょうか？　子どもの園生活は、主要な場所だけで完結するものではなく、テラスのような場所と場所の「境の場所」も含んで、ダイナミックに展開されていることがわかっています（境, 2018）(**写真1**)。あまり目立たないような場所が、実は子どもの園生活を支えていること、保育室等での活動に影響していることも少なくありません。

　以上は、どちらかといえば場所の「枠」を拡げてみようという提案でした。一方で、「枠」を新たに創造してみることも有効といえます。保育室や園庭は、壁や塀という「枠」で仕切られた一つの広間・広場のように思えます。しかし、可動式の家具やパーティション、天井ドレープなどを用いることで、空間の広さや高さ、数などを柔軟に変更することが可能です（佐藤, 2020）。場所の「枠」を変更することで、個人や小集団の願いを反映した環境が構成しやすくなります。また、真っ暗な部屋、物語の世界を表現した部屋などの活動やテーマに没入できる場所も作りやすくなります。

(写真1) 内と外の「境の場所」だからできること、味わえること

領域の「枠」を見直す

保育環境とは、どこからどこまでの領域をさすのでしょうか？　真っ先に思い浮かぶのは、「それは園の敷地内である」という解答です。他方、近代幼稚園建築の歴史をひも解いた永井（2005）は、現在に近い保育のかたちが成立していくなかで、園は敷地外の空間を遮断し、内部だけで子どもの生活を完結させる傾向を強めてきたと指摘しています。ご存

（写真2）今日はぶらりと団子屋さんへ…そんな保育も魅力的

じの通り、要領・指針等では、園と地域社会とは不可分であると説明されています。実際に、園内で子どもが展開する会話やごっこ遊びなどの多くは、家庭や地域で体験した出来事と密接に結びついています。しかし、子どもにとって豊かな園を目指すあまり、敷地という領域の「枠」に、発想がとらわれてしまうこともあるのではないでしょうか。

地域を敷地内環境のように自在に活用することは容易ではないかもしれません。ただ、それが実現すれば、園の敷地とは比べ物にならないほどの多様で広大な空間が拓け、子どもたちがさまざまな人々や文化と接することが可能になります。「活動場所が狭い」「必要なモノがない」といった悩みもあっさりと解決してしまうかもしれません。さらに、保育を地域社会に拓いていくことは、「はじめの100か月の育ちビジョン」にある、あらゆる立場・分野の人々が連携し、子どもを支えていく社会を構築していくための重要なアクションとなり得ます。イタリアのレッジョ・エミリアの幼児教育では、園と町とは相互浸透すると考えられています。日本においても、地域は園の一部であり、園もまた地域の一部であるといった視点から、保育環境を再考していくことができると思われます（写真2）。

時間の「枠」を見直す

保育には主活動と呼ばれる時間があります。具体的な活動内容や区切り方はさまざまですが、登園後の身支度・集会が終わってから昼食前までの時間帯をさす場合が多いように思われます。研究保育や観察研究で扱われる事例の多くは、この時間帯の出来事だといっても過言ではないかもしれません。当然ですが、子どもの園生活はこうした2時間ほどの「枠」内で完結するものではありません。保育所の保育標準時間は最大11時間、幼稚園でも預かり保育や課外活動を実施する園が増えています。通園の時間、おやつの時間、食事の時間、午睡の時間、活動と活動の間の「名もなき時間」も、ひと続きの保育プロセスととらえて充実を図っていくことが重要なのではないでしょうか。

ちなみに、通園バスを利用している子どもは、往復90分近い時間を車内で過ごす場合があることがわかっています（全日本私立幼稚園連合会, 2013）。これは、子どもが園庭等で過ごす時間に勝るとも劣りません。加えて、通園バスの車内は、各家庭やクラスでの経験が入り

混じる独特の保育環境であることも明らかにされています（境, 2020）**(写真3)**。それにもかかわらず、子どもが車内で楽しく過ごせるように工夫すべきと考える保育者は約38％に留まるそうです（西村, 2012）。もちろん、園や保育者が割けるリソースは有限です。限られたリソースを有効に配分するためにも、種々の時間がもつ意味や価値をとらえ直し、子どもの安心・安全や育ちを相補的に保証する環境の全体像をイメージすることが大切です。

　以上に加えて、学期や年度、年中行事などのほぼ不可避的に生じる園生活の区切りや節目の存在も、時間の「枠」の一種であると考えられます。これらを動かすことは容易ではありませんが、子どもの育ちにとってネガティブな「切れ目」となっていると感じるのであれば、考え直す余地は大いにあるといえるでしょう。

(写真3) 通園バスの車内で生じる人や物とのかかわり
(写真4) じつは元大工！特技を活かして活躍する保育者

目的の「枠」を見直す

　保育環境を構成する主な目的は、乳幼児にとって重要な学習である遊びを誘発するため、生きていくうえで必要な資質・能力を培う体験を創出するためであるといえます。一方、山本（2019）は、これまでの研究の多くが、環境を子どもに特定の行動や発達を促す「手段」として扱ってきたことを批判し、子どもによって「生きられた環境」をとらえる視座を提唱しています。本書は、それに関する本質的な議論には至れません。しかし、山本（2019）の批判は、我々が保育環境について考える際に、遊びを誘発するなどの強力な目的の「枠」に縛られてはいないかということに気づかせてくれます。

　保育環境に求められる機能は、子どもの遊びや発達を直接的に促すことに留まりません。「安心と挑戦の循環」という言葉に表される通り、子どもが心の底からくつろぎ、安らかに過ごせる場所もまた重要なのです。先に場所や時間の「枠」について触れた際、テラスや通園バス、おやつの時間なども保育環境として考えていくことが必要と述べましたが、これらすべてが「活発に学ぶ場」として構成されたとすれば、これほど忙しく、息苦しい園生活はないでしょう。また、子どもが安心して過ごすためには、彼らを取り巻く保育者にも、くつろぎ、安らげる環境が必要です。ともすれば、保育者のための環境は、「子どものため」という目的の「枠」に圧迫されがちです。子どもの幸せな生活の実現のために、もっと柔軟に環境構成の目的を考えてみましょう。

役割の「枠」を見直す

　子どもを取り巻く人的環境は、他児や保育者（保育士、幼稚園教諭、保育教諭など）、保護者だけではありません。園の敷地内だけでも栄養士、調理員、バスの運転手と添乗員、用務員、警備員、事務員といったさまざまな職種の人々の活躍がみられ、それによって園生活が成り立っています。保育においては、子どもを取り巻く大人たちが密に連携し、理念や情報を共有しながらそれぞれの役割を発揮していくことが重要であり、これも広義の意味では環境構成の一環であるといえるでしょう。

　ところで、調理員は料理をするだけ、運転手は運転するだけといった単純な考え方はできないようです。先行研究では、保育的視点をもたない警備員が、子どもにとって安心できる拠り所になるケース（中西ら, 2013）、クラス替えがあるなか、バスの運転手が子どもの入園から卒園までを見守る数少ない職員となるケース（境, 2022）が紹介されています。単に職種の「枠」を超えて連携するだけでなく、担うとされる役割の「枠」を拡げてみることで、個々の人材に備わる隠れた価値が見出せるかもしれません。同様に、個々の保育者の役割についても、一般的な役職や担当といった「枠」を超えて考えることができるはずです（写真4）。一人ひとりの個性や特技を良い意味で評価し、保育のなかで活かしていくことができれば、子どもだけでなく、大人も幸せな環境に近づくことができるかもしれません。

④　「枠」を見直すとワクワクがみえてくる!?

ワクワクするような保育を創造する第一歩

　あれもこれも保育環境だといわれ、疲れ切ってしまっていたら大変申し訳ございません。本書の目的は、保育環境の範囲を徒に拡げ、保育をさらに多忙で複雑なものにすることでは決してありません。真の目的は、保育環境をもっと柔軟かつ大胆に考え、保育を豊かにするための発想や資源を開拓し、実践に活かすことです。また、そのことを通して、「はじめの100か月の育ちビジョン」に示されるような、子どもを取り巻く環境が有機的につながり、保育者をはじめとした大人にとっても幸福な保育の実現に向けたアイデアを共有することです。

　もし、「保育はこの部屋で行わなければならない」という場所の「枠」に不自由しているのであれば、その「枠」を見直してみることで、子どもを新たな景色へと誘い、もっとワクワクするような活動が描けるかもしれません。また、領域や役割の「枠」を見直すことで、子どもはより多様な人々や社会の営みと出会い、自身を取り巻く世界の面白さを実感でき

るかもしれません。同時に、保育者も自分たちだけでなんとかしなければならないという考え方から脱却し、自らの価値をより自在に発揮できるかもしれません。さらに、時間や目的の「枠」を見直し、すべての生活時間が大切にされるようになれば、栄養士や運転手といった人々が、より一層やりがいをもって活躍できる環境がつくれるかもしれません。

　「枠」を見直すことは、子どもも大人もワクワクするような保育を創造するための第一歩となり得ます。本書では、先んじて「枠」と向き合った3園の実践事例を紹介します。子どもの遊びにとって不可欠な要素（空間・時間・仲間）をまとめて「三間」と呼称します。本書では、それに倣って、各取り組みを空間・時間・人の3章に分けて解説していきたいと思います。ただし、「時空」という語があるように、空間や時間を厳密に区別して論じることは難しいため、あくまでも、ざっくりとした分類とお考えください。それでは、ともに「枠」からワクワクを見つけ出す旅に出発しましょう！

引用・参考文献

厚生労働省（2018）保育所保育指針解説，フレーベル館．

文部科学省（2018）幼稚園教育要領解説，フレーベル館．

永井理恵子（2005）近代日本幼稚園建築史研究：教育実践を支えた園舎と地域，学文社．

内閣府・文部科学省・厚生労働省（2022）幼保連携型認定こども園における 園児が心を寄せる環境の構成，フレーベル館．

中田範子（2020）保育現場における幼児の空間的環境との関与に関する研究の整理と検討，東京家政学院大学紀要，60, 123-135

中西さやか・境愛一郎・中坪史典（2013）子どもの「今，ここ」という視点は保育者に何をもたらすのか：保育カンファレンスでの議論に着目して．幼年教育研究年報，35, 45-51.

西村実穂（2012）通園バスに関する保育者の考えと課題．ライフデザイン学研究，8, 223-233.

小川博久（2010）遊び保育論，萌文書林．

境愛一郎（2018）保育環境における「境の場所」，ナカニシヤ出版．

境愛一郎（2020）保育環境としての通園バスの特質と機能：車内での活動内容と運行時刻表との関連性に着目して，乳幼児教育学研究，29, 11-22.

境愛一郎（2022）通園バスに乗務する運転手の諸意識と保育施設における役割．共立女子大学家政学部紀要，68（68），97-110.

佐藤将之（2020）心を育てる保育環境，小学館．

山田恵美（2011）保育における空間構成と活動の発展的相互対応―アクションリサーチによる絵本コーナーの検討―，保育学研究，49（3），260-268.

山本一成（2019）保育実践へのエコロジカル・アプローチ―アフォーダンス理論で世界と出会う―，九州大学出版会．

全日本私立幼稚園連合会（2013）平成25年度・私立幼稚園経営実態調査報告．

第 1 章

空間から環境の構成を考える

空間の広さや数、性質などは保育を強力に方向づけます。
それだけに、その「枠」を柔軟に考えることができれば、
子どもと大人の生活は劇的に変容します。
ここでは、空間の形状や用途を拡げてみた事例（1、2）、
保育空間とみなされる範囲を拡げてみた事例（3、4、5）、
少し番外編的に、空想と現実の境界に迫った事例（6）を紹介します。

保育室　仕切り　奥行

1

一般的に保育室は床と天井、壁で囲まれています。
最近では可動する壁や遊具的な構造をもつ保育室や空間も増えています。
子どもたちの生活や遊びの充実を図るための空間づくりの試みは多種多様にみられます。
例えば、保育室の一角に家具等で仕切りを作って、素材、道具などを配置したり、
本棚を置いたりして活動に応じたコーナーを作る方法はその一つです。
そうすることで、多様な活動を可能にしてきました。
かつて日本の家屋では、襖や障子、屏風などで空間を仕切ることで、
生活を豊かにしてきたことにも似ています。
本事例では、空間を仕切る仕切り方に着目し、
保育空間に見られるいろいろな仕切り方を紹介します。

清心幼稚園（群馬県前橋市）

「仕切り」がつくる新たな環境
―― 限られた空間を活かしながら

1 新たな空間をつくる仕切り

DIYスタイルで保育室を仕切る

少人数でじっくりと遊びたい、プロジェクト的に活動を展開したいなど、遊びや活動が多様になると、用途に応じた新たな空間が欲しくなります。家具等で仕切る方法もありますが、スペースが限られていたこともあり、家庭でも取付け可能なDIYスタイルの仕切り壁を子どもと作りました（写真1-1-1）。保育室の天井にジョイントをつけた柱を立て、その柱に合板を貼り付けていきます。柱と合板の移動は比較的容易なので、活動内容に応じて空間を変化させることが可能です[※]。

写真1-1-2は、5歳児クラスの染め物活動の様子です。大人の腰の高さくらいまでの合板で仕切った空間の中に、素材や道具を置いています。この合板が新たな壁面として活躍します。内側には活動の経過や記録を掲示したり、染め物途中の生地や衣服も展示できる仕切りになりました。染め物をしたくなった子どもたちが、入れ替わりながらとても落ち着いて活動することができました。

これらの展示や掲示を通じて興味・関心が湧いて、途中から参加してくる子どももいました。さらに外側の壁面は、内側の活動を紹介してもいいですし、まったく別の環境として活かすこともできます。

（写真1-1-2）5歳児クラスの染め物活動

2 遊び場を多用にする仕切り

壁面をつくって遊ぼう

園ではいろいろな素材を使って空間を仕切っています。ここではビニール素材を使った間仕切りを紹介します。

透明のビニールシートを樹木と樹木、柱と柱の間のように、固定された2本の構造にぐるぐる巻きつけます。するとそこに大きな壁面、ビニールのキャンバスが生まれます（写真1-1-3）。このキャンバ

（写真1-1-1）子どもとDIYスタイルの仕切り壁を作る

（写真1-1-3）何もない空間に大きなキャンパスが生まれる
（写真1-1-4）ビニールシートの素材を変えることで別の面白さに出会う

スは、2本の構造の幅が長いほど広い面を構成することができます。屋外であれば、表面に手のひらを使って絵の具や泥を塗るような大胆な遊びも準備しやすく、子どもたちも参加しやすくなります。キャンバス上で素材を混ぜ合わせたり、さらに両面で同時に描いたりして楽しむこともできます。

互いの表情を見たり、向こう側で描く友だちの手に触れたりしながら、徐々にキャンバス上が賑やかになっていきます。向こう側とこちら側で塗った色が偶然に重なって豊かな色彩を生み出したり、光の加減で樹木の影が入ってきたり、地面に色が映ったりすることもあって、透明感のある素材の面白さにも出会えます。

このビニールシートを半透明や色付きのもの、養生用のラップ、プチプチのような形状にすると、向こう側の透け感が変わったり、表面の凸凹によって表現にも変化が出てきたりして、別の面白さが生まれます（写真1-1-4）。

3　空間の雰囲気が変わる仕切り

遊びの過程で生まれていく仕切りも

① 世界を変える仕切り

写真1-1-5は、見えそうで見えない向こう側の世界を作ろうとした仕切り壁です。薄くて軽く、透ける布素材を天井から吊るしています。どこか幻想的なのは、光にあたると光沢感が出る素材の特性もあります。柔らかな布の重なりがさらに優美さを生み出しました。

実はこの布の向こう側には、5歳児クラスの子どもたちが制作した作品が展示してあります。そして、その作品のイメージとして、できればひっそりと飾りたいという思いが担当の保育者にありました。子どもとも相談して展示していきましたが、発想の一つには、子どもたちと見に行ったあるギャラリーの個展のイメージもありました。作品がいきなり置いてあるのではなく、作品に出会いたくなるまでの心持ちをゆったりと整えて向き合う空間にできたら、という気持ちが背景にありました。どのような布をどのような幅や長さで使うか考え、布の重なり方や下げ方に至るまで検討していきました。さらに、布と作品にはどのような光をどのようにあてるか繰り返し試しました[※]。

その後、年下の子どもたちが、「これなに？」と気づいてやってきましたが、5歳児たちが穏やかに作品を紹介している姿がありました。その子どもたちは、作品と空間をどのように味わったのでしょうか。少なくとも、興味をもった子どもたちが、布の向こう側に行くという行為を経ることによって、まるで美術館のような落ち着いた気持ちになって見入っていたことはわかりました。

（写真1-1-5）見えそうで見えない向こう側の世界

② これも仕切り？

写真1-1-6の仕切り壁は、パッチワーク的な布でできています。もともとは、保育室でみんなが入れ

（写真1-1-6）パッチワーク的な布でできた仕切り壁

るスカートを作っていました。

　家から集めた古着や、町の服飾作家からいただいた布切れを一度バラバラにして、子どもたちと縫い合わせでは、天井から吊り下げていったのです。遊びは、ある種のワークショップのように展開していきました。

　しかし、次第に変化がなくなっていきました。そうした状況の中、活動が一段落したと感じた保育者が、保育室の使い方を変えようとして、スカートを広げてみました。すると、ちょうど保育室を横断するかのように布による仕切り壁ができました。

　子どもたちがかかわって作ったものが空間を構成した時、どこかこの部屋がホッとする場になりました。布の仕切りの向こう側とこちら側で違った表情になり、遊びの構成が変わり、この仕切り壁の表現から、新たな発想や次の遊び、制作のきっかけが生まれることもありました※。

※いずれも最新の消防法を遵守してください。仕切り壁の上部は開口部が必要です。布を下げる時は防災ラベルのものか、1m以内、手の届くところですぐに取り外しができる等の決まりがあります（2024年12月現在）。

4　感覚を変える仕切り

いつもと違う素材でやってみる

　これまでみてきたとおり、保育室やその空間を何かで仕切ると、新たな表情が生まれ、新たな空間や壁ができます。今回は板、ビニール、布を使った実践を紹介しましたが、ロール紙やアルミホイル、紐などの素材、木の枝や皮、実などの自然物など、どんなものでも展開できます。

　それぞれの園の保育室や空間で、これまでやったことがない方法や素材で空間を仕切り、壁を作ったり楽しんだりしてみてください。そこに保育環境の新たな発想が現れてくると思います。何かの素材で保育の空間を仕切ることによって見る感覚が変わり、やれること、やりたいことが変わるのは普通のことです。いろいろな素材、テクスチャー、光を加減して試してみてください。

世界観　遊び　没入型空間

子どもは、園の中でそれぞれに何かをイメージしながら遊んでいます。
例えば、お家ごっこやお店ごっこなど、
何かに見立てたり何かになったりして遊ぶ子どもの姿が見られます。
友だちと椅子など並べて、それをバスや飛行機にして遊んだり、
そこから派生したストーリーが生まれたりしていくこともあります。
その子どもにとって、何か魅力的な発想や対象を
イメージして遊ぶことがきっと面白いのだろうと思います。
では、そうした子どもがもっている発想をもっと存分に楽しむためには、
どのような保育環境の工夫が考えられるでしょうか。
本事例では、空間にダイナミックにイメージを投影した事例を紹介し、
豊かな発想と遊びを支えていく空間の拡がりを考えてみたいと思います。

清心幼稚園（群馬県前橋市）

世界観を投影して遊ぶ保育空間

1　スイカで遊んでみたい！

　園庭に畑を作ってスイカを育てて（写真1-2-1）、おいしくいただいた子どもたちに、クラスの保育者が『ありとすいか』（作・絵：たむらしげる、ポプラ社、2002年）という絵本を読みました（写真1-2-2）。

　すると、ある子どもが「ぼくたちもアリになって、スイカで遊んでみたい」と言いました。絵本では、アリたちが自分の体よりも大きいスイカを運んだり、食べ終わったスイカを滑り台にしたりして遊んでいるシーンが出てきます。そうしたアリの描写に魅せられて、自分たちもアリの世界、スイカの世界に飛び出したくなったようでした。

　その声を聞いた保育者は、保育室の空間を丸ごとスイカにしてしまうことを思いつきました。保育室くらい大きなスイカがあれば、子どもがアリのような感覚になって過ごせると思ったからです。

　早速、保育者が子どもたちに相談すると、壁も天井もスイカにしちゃおう、ということになりました。

2　保育室をスイカにしちゃおう！

　そこで、園の倉庫にあった白いシートと絵の具を持ってきて、シートをスイカ色に着色しました。スイカ色になったシートを天井の梁から紐で吊るして保育室をぐるりと囲むように設えると（写真1-2-3）、スイカの中にでも入ったような感覚が味わえる空間ができあがりました。

　スイカの中でアリになって過ごす子どもたちを

写真1-2-1

写真1-2-2

（写真1-2-3）スイカ色に塗ったシートを天井から吊るす

（写真1-2-1）園庭で育てたスイカ
（写真1-2-2）『ありとすいか』に聞き入る子どもたち

見た保育者は、保育室をしばらくスイカのままにしておくことにしました。

3　2つの着眼点　シンプルさと未体験

この事例は、スイカやアリの世界に迷い込んだかのような空間的環境が、イメージの世界に子どもたちを誘った実践です。本事例におけるポイントを整理して考えてみたいと思います。

① シンプルさ

一つ目は「シンプルさ」です。ダイナミックな環境構成でありながら、素材はホワイトシートと絵の具のみです。保育室の空間全体をスイカのような色で覆い、そのほかの作り込みは特にありません。スイカの中にいるような感覚が味わえる空間、「スイカの中でアリになって遊ぶ」ための入り口ができた後は、子どもたち自身の発想に遊びの展開を委ねています。

② 自己内対話と周囲との交換

二つ目は、「未体験の世界を保育室の中に作ってしまおう」という発想です。スイカの中にはきっと入ったことがありません。だからこそ、それぞれに新たな自己内対話が生まれ、それが周囲の友だちと容易に交換されて、対話的な遊びの空間、場が拓かれていったと考えられます。

③ 空間のサイズ感

最後は「空間のサイズ感」です。＜スイカの中にいる＞＜自分（私）＞を想像してみてください。そうイメージするだけで、何だか楽しくなってきませんか。その楽しいイメージを体現する空間として保育室をデザインする感覚です。

現代アートの展示では、私たちを別世界に誘う体験的な作品、空間全部を使うインスタレーション*的な作品がありますが、そうした要素に近いかもしれません。もしかすると、保育室全部を使ってみること自体が新鮮な方もいるかもしれませんが、「保育室全部を〇〇な環境にする」という体験が日常になると、子どもたちの遊びのサイズ感も変わっていきます。空間や場をよりダイナミックで、より創造的に使うようになります。それは保育室に限りません。遊戯室、廊下、階段、園庭、テラスなど、あらゆるところに応用してみようとします。

そこで別の事例から考えてみます。

4　隠れるくらいに暗くしたい

保育室をおばけ屋敷にして遊んでいた5歳児たちを見た4歳児たちが、画用紙におばけの絵を描き、手のひらくらいの大きさに切って遊んでいました。見守っていた保育者は、かかわりが広がることを期待して、吹き抜けになっている階段下で遊ぶことを提案しました。この場所は廊下を行き交う子どもの目にも留まります。

ある子どもが「（自分たちも）隠れられるくらいに暗くしたい」と言いました。そして、何人かの子どもと保育者が、倉庫から黒いビニールロールを持ってくると、1日かけて、6〜7人の子どもが入れる暗が

（写真1-2-4）階段下に暗がりを作って遊んだ

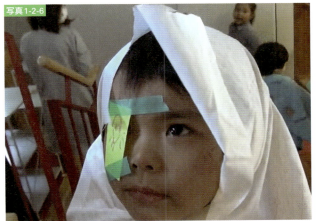

(写真1-2-5) "めいちゃんおばけ"の目がおばけになっちゃった
(写真1-2-6) "目がおばけになっちゃった"めいちゃんおばけのお母さん
(写真1-2-7) 保育者が階段下に棚と素材を置いたところ、"目がおばけになっちゃう"が広まった

りをつくりました(写真1-2-4)。早速、この中に入ったり出たりして「おばけだぞ〜」とおばけになって遊び始めたかと思うと、「ここに隠れてびっくりさせよう！」と、3歳児や保育者を呼んできて驚かせる遊びが起こりました。切った布に紐をつけておばけに見立て、スッと落としたり引き上げたりする遊びを考えた子どももいました。

その周辺で遊んでいたあっちゃんが、自分の手にパペット人形をはめて「これ"めいちゃんおばけ"だよ」と笑顔で紹介してくれました。そして「こっちの目もおばけになっちゃった」と言うのです(写真1-2-5)。傍らには、半透明の白いスカーフを頭からかぶり、天使のような雰囲気のるりちゃんがいました。よく見てみると、るりちゃんの目もおばけになっています(写真1-2-6)。「こっちは(めいちゃんの)お母さんだよ」とあっちゃんが伝えてくれました。どうやら"目がおばけになっちゃう"世界をともに楽しんでいたようなのです。

その話を知った保育者が、付箋、ペン、マスキングテープを階段下に用意しました。すると、付箋に目のおばけを描いてあちこちに貼っていく遊びが起こりました。幼稚園全部がその世界になっていったのです(写真1-2-7)。ユニークな発想で豊かになっていく保育環境は、「それも面白そう」と、それぞれの発想を支え、楽しもうとする保育者の存在も大きいと思います。

＊ある特定の室内や屋外などにオブジェや装置を置いて、作家の意向に沿って空間を構成し変化・異化させ、場所や空間全体を作品として体験させる芸術。

地域交流　園外保育

3

日本の保育では、園庭や保育室といった園内の保育環境を豊かにしてきました。
しかしその一方で、保育環境を園内に限定すると、
遊びや体験が制限されてしまうこともあります。
実際、清心幼稚園の園庭は小規模で、
すべての子どもたちが駆け回るほどの広さはありません。
そのため、園と周辺地域とを日常的に行き来して、
子どもたちの遊びや体験を豊かにしようと試みてきました。
公園や川、縁などの自然と親しんだり、
専門店や美術館などのアートスペースでのアーティストとの交流、
地域の方々との対話を通して、園生活に潤いと変化をもたらしてきました。
本事例では、園の内外を行き来する子どもたちと展開する保育から考えます。

清心幼稚園（群馬県前橋市）

園と地域とを行き来する面白さ
──園の内側と外側という「枠」を超えて

1　園外の環境を園生活に取り入れる

　園の近くには、前橋公園をはじめとする複数の公園があります。公園は、場所によって過ごし方のルールがありますが、地域の方々が楽しめる場所として開かれており、よく遊びに出かけています。ここでは主に、公園と園とを行き来しながら展開された遊びや環境づくりを紹介します。

見つけてきた自然物で楽しむ

写真1-3-1

写真1-3-2

（写真1-3-3）子どもたちが園に持ち帰った自然物

　園内では、季節によって採取した草花や果実を保育室でエイジング（時間を経過させる）させながら、その変化を味わっています（写真1-3-1）。蔓ものを枝や針金等に巻きつけて飾りのようにして楽しむこともあります（写真1-3-2）。

　自然物が溶け込んだ保育環境で生活しているせいか、子どもたちは公園などに行くと、葉っぱや枝、実などを拾って園に持ち帰ってくることがよくあります（写真1-3-3）。それらとエイジング後の自然物が出会って、新たなアクセントを生み出す創作や遊びが起こります（写真1-3-4）。

　また、土や石を見つけたり探したりして、じっく

（写真1-3-1）草花や果実を保育室に飾り、経年変化を味わう
（写真1-3-2）蔓を枝や針金等に巻きつけて楽しむことも

（写真1-3-4）子どもたちの持ち帰った自然物と、経年経過した自然物の化学反応を楽しむ
（写真1-3-5）土を集めて気に入ったものを小瓶に入れて色や粒の違いを楽しむ
（写真1-3-6）公園ではさまざまな草花を楽しむことができる

りと見るのも楽しいです。きっと多くの園の園庭や畑には、いろいろな種類の土や石があると思いますが、公園も場所によってまったく違う色の土に出会うことができます。それらを少し採取して小瓶などに入れて見ると、その不思議さに魅了され、「土」そのものにも興味が湧いてきます（写真1-3-5）。

　ある年の5歳児の子どもたちと保育者は、自宅近くや出かけた先などでも、土の色や粒の性質の違いが気になって採取し、園に持ってきてそれらを比べたり、土自体を焼いて変化を楽しんだりしました。

　草花などの香りが楽しめるのも公園ならではだと思います。丁寧に手入れされた花壇もあれば、公園の道脇に何気なく生えている雑草や野草もあって、見方次第で楽しさを見つけることができます（写真1-3-6）。

　香りをビニール袋のなどの中に集めて園に持ち帰り、それを保育室にしばらく飾ったときは、自分の気に入った香りの袋が保育室を心地よい空間にし、いつでもその場所にいるかのような想像が膨らむ場になりました。

拾ってきた枝から生まれた遊びの循環

　4歳児の事例です。5月ごろ、ある子どもが自分の背丈以上の枝を見つけて園に持ち帰ってきたことがありました。私はその大きさに驚いたのですが、公園などで遊んでくるたびに拾ってきて、それらが園に溜まっていきました。

　担当の保育者が、これらの枝をどうするかを子どもに相談したところ、枝を「立ててみたい」と言います。どのように立てるのか考えて、いくつか試した後、保育室の一角に天井から吊りながら枝を立てることに成功しました。数本の枝を並んで立たせると、それらをつなぎたくなったので、子どもでも使いやすい結束バンドで止めていくことにしました。枝と枝をつないでいくと、徐々に囲われた空間が生

（写真1-3-7）外で拾ってきた枝木が新たな空間を創造した

（写真1-3-9）拾ってきた枝を素材にして遊びの循環が起こる

まれていきました。

　すると、かかわる子どもが増えて、さらに枝を拾ってきてつなぐことを楽しんだり、新たにできた空間の中で遊んだり過ごしたりすることを楽しむなど、遊び方やかかわり方が変化していきました。そして秋頃には、鳥の巣のような遊びの場になっていきました（写真1-3-7）。

　このような経験を重ねた子どもたちと保育者が、これらの枝を上手に使って、5歳児が卒業する際のお祝いアーチを作ってくれました。アーチはその後も子どもたちの園生活に溶け込んでいます（写真1-3-8）。

（写真1-3-8）手づくりのアーチ

　また、残っていた枝の一部を、他学年の保育者が適当なサイズに切って素材にしました。飾りなどの制作や、それを吊り下げる道具に応用するなど、用途も広がっていきました。このように、拾ってきた枝を通して遊びの循環が起こっていきました（写真1-3-9）。

　当初、背丈ほどの枝のサイズを扱うことの難しさを想像していた著者も、子どもの発想を保育者も楽しみながらダイナミックに創作していく様子にとても共感しました。子どもには取り扱いが難しい、保育環境に合っていないかもしれないと思ってしまったのは、ある種の「枠」の中の思考だったかもしれません。まだ見たことがない世界に対して、面白がりながら柔軟に受容していけば遊び方も変わっていきます。それが結果的に創造的な遊びの循環にもなっていく保育の新たな一面に気づかされました。

2　園内の環境を園外保育に持ち込む

　前橋公園には遊具等はありません。しかし、広々とした芝生や水場があって思い切り走り回って遊ぶことができます。自然物を見つけたり、虫と出会ったりするだけでなく、ボールでも遊べます。身体的な表現遊びもたっぷり楽しめます（写真1-3-10）。季節の移り変わりや空の広さ、遠くに望む山々を眺めてじっくりと絵を描いたりすることもできます。絵を描く道具は園から持っていきます。一般的な画用紙、スケッチブックのほかに大きめのキャンバスのときもあります（写真1-3-11）。

　さらに思い切って、長尺のロール紙やキャンバスなどを用いると、描く楽しみ方、遊び方もグッと広がります。開放感のある場の影響を受けてワークショップ的に描くと、いつもよりも少し大胆な描画になって描く気持ちよさが味わえるので、園内ではできない体験が充実していきます（写真1-3-12）。

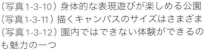
（写真1-3-10）身体的な表現遊びが楽しめる公園
（写真1-3-11）描くキャンパスのサイズはさまざま
（写真1-3-12）園内ではできない体験ができるのも魅力の一つ
（写真1-3-13）アルミホイルやスズランテープを使って遊ぶ子どもたち

　同じ長尺でも、アルミホイルやスズランテープのような素材を用いると、公園の広さを活かして長く出し続けることができます。それを手に持って走ってみたり、身体に身につけたり、形を作ってみたりすることも起こります（**写真1-3-13**）。

　場所と素材、身体を通してあれこれと遊んでいくうちに、新たな面白さや関係性に気がついて、次はこうしてみたいという思いが溢れて、子どももより自ら遊んでいく姿になっていきます。

3　フィールドワーク的な散歩を楽しんでいます

「ぶらぶら」歩こう

　本来「散歩」には、ぶらぶら歩いたり、あてもなく遊び歩いたり、気晴らしや健康のために散策するという意味があります。しかし、園外保育の計画となると、綿密な保育計画が必要な場合もあります。それは子どもの安全を確保することにもつながります。

　地域の方々との偶然の交流、専門家から見聞きして出会う本物の世界、工事中の建物の変化、あの道とこの道のつながりなど、実際に歩いているからこそわかっていくことがたくさんあります。自ら歩いて世界を知っていくフィールドワーク的な活動はそれ自体が楽しみの一つです。そのため、計画や目的にこだわり過ぎないほうが活動が充実することもあります。

　幼稚園では、地域の商店街へもよく出かけます（**写真1-3-14、1-3-15**）。子どもたちと歩いていると、地域の方やお店の方に声をかけてもらって、そこでやりとりが起こることがよくあります。店内に誘っていただいて、お店のことや町のこと、モノクロ写真を奥から出してきて、話を聞くこともあります。子どもも興味津々にそのエピソードに耳を傾けます。こうした偶然の温かなやりとりに「散歩」が豊かになる要素があって面白いと感じます。

　地域の中をゆったりとめぐることもあれば、美術館やギャラリーなどのアートスペースに行って作品を鑑賞させてもらうこともあります。運がよければ、制作した

（写真1-3-14）園近くの商店街

（写真1-3-15）お店の人に話を聞くこともある
（写真1-3-16）気になる作品があれば、何回でも足を運ぶ（裏ノ間にてTammさんと）

アーティストに出会って作品のことを聞いて教えてもらえることもあります。子どもだちが気になる作品と出会った時は、気になった子どもたちと何度も出かけていき、味わって親しみを深めています**（写真1-3-16）**。その作品がどうやってできるのか、何でできているのか、どう飾っているのか、作っている人はどういう人なのかなど、園と作品とを行き来するたびに新しい発見があります。絵画や彫刻を模写することもあれば、映像作品の中のアーティストになりきって表現し始めることもあります。

こうした多様な表現に感化されるのか、子どもも「こういうのもいいね」と型にはまらないものを園で創作したり、お互いの表現を認めあったりする気持ちが育っていきました**（写真1-3-17、1-3-18）**。

このような場所で出会ったアーティストが園に遊びに来てくれることがあります。ある時は、子どもたちが自分たちの遊びや園生活を一生懸命に伝えようと、園の中を案内したり一緒に遊んだりして楽しみました。子どもの表現や発想を否定しないアーティストとのやりとりに、私たちも子どもが創出する世界を尊重していきたいと改めて学びました。

（写真1-3-17）街に展示中のアルミホイルでできた三家俊彦さんの作品に見入る
（写真1-3-18）触発された子どもたちが園でもつくり始める

「ぶらぶらしない」散歩の危うさ

5歳児の事例です。ある時、商店街にあるカメラ屋さんを探そうとして、デジタルツールを用いたことがありました。園からお店までの道順が画面で示されたので、その案内に沿って歩いていくことになりました。すると次第に、子どもたちは画面が気になって仕方なくなり、子ども同士の会話も画面上に現れる現在地や、ナビの道順通りに歩けているかどうかに限定されていきました。

5歳児くらいになると、地図等がなくても、園からどの方向にどう歩くといいとか、それまでの経験を友だちとすり合わせたり、目印などを子ども同士で確認したり覚えたりするようになるのですが、このときはそうしたやりとりがほとんどなくなっていました。画面上の道順に自分たちの位置が現れて動いていく面白さはありますが、画面が頼りになると、周囲の実際の情報が点のような細切れになり、道中のストーリーが生まれにくくなったり、偶然の出会いも起こりにくくなると感じた出来事でした。

4　交流を通して育まれること

昨今、地域の中にある園の役割が大きくなってきています。超少子化社会が進む中で、地域の方々と交流することは、子どもの姿を伝えていくことでもあり、子どものことを理解していただく機会にもなります。

一方、子どもが自分たちの身近な地域を知っていくことは、そこで生活を営む私たちの生活環境を大切にしていこうとする思いを育みます。その結果、持続可能な地域社会の創造を子どもとともに楽しみながら、園の内外のかかわりを紡いでいければと思います。

通園バス　遊び　空間づくり

4

通園バスは、全国の私立幼稚園の83.8％で運行されており※、
保育所や認定こども園の一部でも導入が試みられています。
通園バスを利用する子どもは、往復で合計1時間以上を車内で過ごすこともあります。
また、通園バスには、家と園を結ぶ、異なるクラス・年齢の子どもが集う、
園生活の「始まり」と「終わり」と「飾る」といった特徴があります。
本事例では、通園バスの時間も保育ととらえ、
車中での過ごし方を見直した実践を紹介します。

※全国私立幼稚園連合会（2013）平成25年度・私立幼稚園経営実態調査報告

武庫愛の園幼稚園（兵庫県尼崎市）

園生活を充実させる通園バスのあり方

1　通園バスは安全・安心だけでいい？

　通園バスについては、前述の特徴があるものの、安全・管理についての議論ばかりが過熱し、保育環境としての可能性や子どもの経験について省みた実践・研究はほとんどみられません。

　武庫愛の園幼稚園においても、通園バスの時間は「幼稚園までの移動の時間」という枠でとらえており、保育環境として考えていませんでした。乗務する保育者は安心・安全、時間厳守、乗せ間違えない、保護者への伝達にばかり気をとられ、振り返りの内容も、いかにミスをなくすかに終始していました。

　しかし、子どもは通園バスのなかでどのような時間を過ごしているのでしょうか？　園生活の一部として、保育者がやりがいをもって臨める仕事となっているのでしょうか？

（写真1-4-1）武庫愛の園幼稚園の通園バス

ん。岡健先生（大妻女子大学）による園内研修で「子どもにとってどうだろうか？」という視点で預かり保育を見直した時（事例7、8参照）、これは通園バスの時間にも当てはまると感じたからです。当時、たまたま境愛一郎先生（共立女子大学）が本園のバス運転手にインタビューに来られたので、まずは話を聞いてみました**（写真1-4-1）**。

　境先生は「例えば、どれだけアミューズメントパークで遊んだことが楽しくても、帰り道も楽しくなければ、トータルでよい思い出にならないでしょう。幼稚園も一緒ですよね」と言われました。本園の通園バスは子どもにとって楽しい時間だろうか？　今まで、安心・安全や保護者への伝達の視点で考えていたので、その視点は通園バス担当者にとって衝撃でした。

2　通園バスの時間の見直し

帰り道が楽しくなければ、よい思い出にはならない

　通園バスを見直すきっかけは「子どもにとってどうだろうか？」という視点で保育を見直す機会があったからです。しかし、通園バスの時間に課題意識があり、そこからスタートしたわけではありませ

通園バスの時間はできないことだらけ

　通園バスの時間の見直しは悪戦苦闘、試行錯誤の連続でした。見直すといっても、具体的に何をど

う見直せばよいのか？　となりました。考えれば考えるほど、さまざまな制約が見つかりました。

　例えば、「バスの乗車時間を考えると、絵本ぐらいで保育が終わってしまう」「絵本、手品、素話（すばなし）などは思いつくが、バスの中でのルールもあるため、できる保育が限られる」「一斉に子どもが揃わない」「園からバス停までが近い子どもとは、なかなかコミュニケーションがとりにくい」などです。何かを参考にしようとしても、そもそも他園の実践例が少なく、本を探してもバス内でのレクリエーション活動のようなものしかありませんでした。

　このように「できない」から始まった通園バスの時間の見直しは、すぐに暗礁に乗り上げました。そこで境先生に相談したところ、「通園バスは保育室じゃないので、そこにしかない魅力を探ってみては？」とアドバイスをもらいました。

　この一言から、保育者が通園バスの時間を「クラスの保育」という枠に無意識にとらわれていたことに気づきました。見直し以前から、通園バスの時間に保育者は「子どもが園に来ることに期待がもてること」を大切に、子どもたちに「今日は何の日？」という時事の話、給食の紹介、紙芝居、簡単な手遊び、クイズ等をしていましたが、これは保育室でできる活動をバスでも同じようにしているのではないかと考えました。

　そこで頭を切り替えて「バスにしかない魅力って何だろう？　わかんないけどやろう！　子どもの姿から判断してみよう！」となったのです。

3　通園バスならではの魅力とは？

通園バスで見られた子どもの楽しむ姿

　通園バスならではの魅力を探るにあたり、まずはバス内で子どもがどのように過ごしているかを

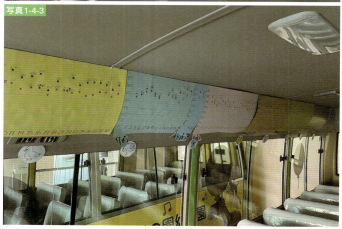

（写真1-4-2）街の移り変わりはバスの中からでも感じることができる
（写真1-4-3）毎日の気温の変化を車中で確認できる

注意深く見ることにしました。すると、子どもは通園中の景色の変化を楽しみ、町の風景に興味をもっていることがわかりました。

　例えば、一部の子どもたちは通園中にある街頭の温度計を見て「あっ、今日は28℃！　昨日は26℃だったのに！」と、毎日の気温の変化を楽しんでいました（写真1-4-2）。そのことに気づいた保育者は、気温の変化がわかりやすくなるように、毎日の気温が記録できる紙をバスの中に貼りました（写真1-4-3）。すると、子どもたちはいっそう気温に興味をもつようになりました。気温が35度を超えると大人はうんざりしますが、子どもたちは「新記録だー！」と喜んでいました。

　また、踏切の待ち時間も子どもは自分たちで楽

しみを見つけていました。踏切で待っている時、Aちゃんは「どっちから電車が来るでしょう？」とBちゃんにクイズを出していました。「ひだり」とBちゃん。しかし、Aちゃんにもその答えはわかりません。正解がわかるまで二人の間に沈黙が流れます。しばらくして、右からも左からも電車が来ました。するとAちゃんは「ブッブー！　両方でした〜！」と言い、それを聞いたBちゃんは「ムズ！」と笑っていました。

この姿を見た保育者は、踏切のクイズをバスにいる全員ですることにしました。すると踏切のクイズは子どもの中で大流行りして、踏切の停車中はとても静かになったそうです。

自分たちの町を知る機会になる

他にも、運転手が交差点にある標識のクイズを出すことで、子どもたちは興味をもちながら交通ルールを学んでいきました。また、バスに乗る中で「自分たちはいつもどこ通っているの？」と疑問に思った子が、地図に興味をもったこともありました（写真1-4-4）。

このように、通園バスから見える風景は子どもにさまざまな刺激をもたらしていました。これまでは、保育室と同じような活動をバス内でもしようとしていましたが、子どもが楽しむ姿から通園バスの環境に目を向けると、移動中の風景は自分たちの住んでいる社会環境を知り、興味・関心がもてる豊かな環境だったのです。

さらに、通園バスにはさまざまな年齢の子どもがいることから、異年齢交流が生まれる場になっていました。例えば、バスの車庫に向かう時、年長児・年中児が年少児を迎えに行き、一緒に待機場所に向かったり、年少児ができるクイズを考える姿があったり、保育中に作った製作物を見せ合ったり、行事の話をするなど、互いの学年に興味をもつ姿がありました（写真1-4-5）。

保育室で行う保育と同じ枠で考えれば、バスは制約ばかりの「できない環境」でした。しかし、その制約を強みとしてとらえれば「できること」が多くありました。

（写真1-4-4）地図を見ながら、通っている位置を理解する

（写真1-4-5）子どもなりに過ごし方を考えている

4 「行き」と「帰り」の子どもの姿から、バスの過ごし方を考える

子どもの姿と保育者の思いの違い

　子どもと楽しみながら通園バスの中での遊びを見つけていく一方で、新たな課題も出てきました。それは今のバスの過ごし方が、「行き」と「帰り」の子どもの状態に合ったものかというものです。

　境先生がバスの園内研修に来られた時、X先生（1年目）がある悩みを語り出しました。

　「朝、バスに子どもが乗ってきた時、いつも『おはよう』と挨拶するんですけど、なかなか返してくれない子がいて…。今考えているのは、挨拶できたら『やったね！　シール』を貼れることにしたら、子どものやる気が出るかなと思って…」

　この悩みについては「ご褒美があるから挨拶するって何か変じゃない？　そもそも挨拶って何のためにするの？」という議論に発展しました。話を聞いていた境先生は「もし、その子が朝起きてすぐに着替えさせられ、ご飯を食べさせられ、バスに乗ってきているとしたら…。私だったらボーっとして挨拶する気持ちになれないかも。これって、大人も一緒じゃないですか？　もちろんクラスではできたらいいけど、バスは園に向かうまでの気持ちを整える時間かもしれませんね。大人の通勤電車と一緒ですね」と言われました。

　X先生はその話を聞き、子どもがどういう状態や気持ちなのかを考えず、保育者が望むあるべき姿を押しつけていたことに気づきました。そして、いろいろな状態や気持ちの子が乗ってくるバスは、どう過ごせることが大事なのかを改めて考えるようになりました。

　朝のバスには、早起きして元気な子もいれば眠そうな子もいるからこそ、全員がバスに乗るまでは

（写真1-4-6）バスの運転手に「いってきます」のあいさつをする子どもたち
（写真1-4-7）幼稚園に行くことに期待がもてる過ごし方を

各自のペースで過ごせるようにし、子どもが全員揃ってからは幼稚園に行くことに期待がもてるような給食や行事の紹介をするようにしました（写真1-4-6、1-4-7）。

帰りのバスの過ごし方を考える

　同様の考え方は「帰りのバス」にもおよびました。帰りのバスも幼稚園の活動で疲れて寝る子もいれば、元気に友だちと話す子もいます（写真1-4-8）。特に年少児は、まだまだ体力もなく寝る子が多いです。そのため、帰りのバスでは紙芝居や絵本を読むものの、一つ目のバス停を過ぎると静かに休めるような空間になるように心がけました。

　そうしたことで、年少児はゆっくり寝て、年長児

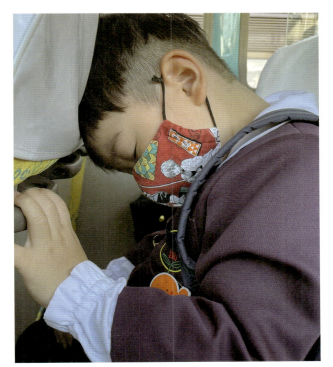
（写真1-4-8）遊び疲れて、帰りのバスでは寝てしまう子どもも

は、友だちと今日幼稚園であった楽しさを話しながら余韻に浸る姿がありました。

とはいえ、時間が経つにつれて人数は減り、最後の子どもはさびしい気持ちになります。そこで保育者は、最後の子どもと日常会話をしていました。このように保育者とじっくり話せる時間は子どもにとって特別であり、楽しいひと時になっていたそうです。

「行き」と「帰り」のバスでは子どもの状態や気持ちだけでなく、乗車人数も変化していきます。そのうえで、保育者は子どもがバスでどのように過ごすことがよいのかを考えて空間をデザインしていました。子どもにとってバスの時間は楽しいだけでなく、気持ちが落ち着ける時間であることも大事です。

5　通園バスの環境で大切なポイント

これまでの話を踏まえると、通園バスの時間では次の3つが大切だと考えます。

① 子ども視点でバスの時間を考える

通園バスは移動しつつ楽しい思い出を作ることのできる大切な空間といえます。バスの時間は「子どもにとってどうか」を常に考え、楽しく心地よく過ごせるよう工夫することが大切です。

② バスの制約を強みに変えるアイデア

バスは保育室と異なる環境です。だからこそ、その特徴を活かし、子どもが興味をもつ街の風景や景色の変化を楽しむ活動を考えてみてはどうでしょう。例えば気温の変化を記録したり、踏切でのクイズ等、バスから見える環境を子どもが主体的に楽しめることが大切です。

③ 行きと帰りの時間の子どもに合わせた空間づくり

朝はリラックスして園に期待がもてる工夫を、帰りは疲れた子どもが休める配慮や友だちとの会話を楽しむ空間づくりが大切です。まずはできるところから無理なく始めてみませんか？

休憩室　会議室　職員主体

5

休憩時間をどう過ごすか？
働き方改革という言葉がまだ聞かれなかった頃、
保育業界では「休憩」を意識してこなかったと思います。
そのため、子どもの降園後の打ち合わせ時間や、午睡時間に子どもを見ながら
コーヒーを飲む時間が休憩時間と見なされていた時代もありました。
日本では長い間、「休むことは悪」であり
「働き続けることが正しい」という価値観があったかと思います。
そのような感覚があった時代に、本園では保育者の意見から理想の休憩室を作りました。
皆でどのように意見を出し合って、集約し、
休憩室が完成したのか、そのプロセスを紹介します。

武庫愛の園幼稚園（兵庫県尼崎市）

大人たちの場を考える
——休憩室が完成するプロセス

1 ホッとできない休憩の見直し

「休憩時間にコンビニに行きたいんですけど…」。数年前のある日、保育者のX先生が園長に相談に来ました。当時、保育者は、休憩時間は園で過ごすのが当たり前でした。園長が「どうして？」と聞くと、「職員室だとホッとできなくて…」とX先生は答えました。

このことをきっかけに、休憩時間のあり方を見直すことになりました。最初は「休憩時間も外出可能にしよう」ということになりました。しかし、休憩時間の過ごし方のルールを変えたところで、幼稚園にホッとできる場がないという課題は解決しません。そこで、新たに休憩スペースを作ろうと考えました。

最初の構想は、畳とちゃぶ台を用意した簡易なものでした。あくまでも、保育とそれにかかわる準備スペースの確保が優先だと考えていました。

しかし、簡易な休憩スペースだと保育者はホッとできず、しばらくすると休憩スペースに行かなくなり、それでは結局、保育者の休憩問題を解決できないままとなりました。そこで「保育者が行きたくなる休憩室」をコンセプトに、休憩室を作ることになりました。

2 休憩室⁉ そんなのいらない！ 声の大きな一部の意見≠ みんなの意見⁉

休憩室を作るという噂はすぐに園中に広がりました。保育者から「やっと、休憩室ができますね！ありがとう」と肯定的な意見があるかと思っていましたが、実際には異なる意見が聞こえてきました。

「休憩室なんて場所だけなら、いらない！」「（午前クラスの）担任は降園後に保育室で休憩とれるから、いらない！」

これらの意見は自分の保育室をもつ午前クラスの担任保育者のものであり、部屋を間借りする夕方の預かり保育担当のX先生の声とは真逆のものでした。さまざまな意見を整理したところ、自分の保育室をもつ午前クラスの担任保育者と、自分の保育室をもたない保育者では、休憩室に対するニーズが異なることがわかりました。

保育者の声をきっかけにトップダウン的に作ることが決まった休憩室ですが、ここでブレーキがかかりました。保育者が不要と思っているのであれば作る意味はあるのかと悩みました。一方で、これらの意見はみんなの意見を反映したものなのか？ もしかして、聞こえてくる意見は声の大きな一部の意見で、声なき声を拾えていないのではないかとも思いました。

そこで、保育者に休憩室が必要かどうかという記名式のアンケートを行いました。その結果、休憩室が不要という意見は全体の約3割で、約7割は必

要としていることがわかりました。経験年数別でみると、休憩に対するジェネレーションギャップがあり、若い保育者ほどホッとするスペースを求めていることがわかりました。保育者全員が納得できる休憩室になることを望んでいたので、全体で結果を共有しました。

(写真1-5-1) ホッと一息できる工夫
(写真1-5-2) 自分の好きなお菓子を購入できる

3 休憩室でどう過ごしたい？理想を出し合う

休憩に対する考え方は人それぞれであることがわかりました。そのため、特定の人のアイデアを聞いても、良い休憩室にはならないだろうと思いました。そこで、「休憩室でどう過ごしたいか？」を改めてアンケートで聞くことにしました。すると、「ダメかもしれないですけど、アイスクリームが食べたいです」という意見がありました。

保育者の中には「勤務中にアイスクリームを食べるなんてあり得ない」という思考があったのかもしれません。しかし、保育者がアイスを食べることでリフレッシュできるのであれば、それがベストだと思いました。そこで、休憩室でアイスクリームが食べられるように複数の業者にあたり、オフィスグリコを導入することにしました（写真1-5-1、1-5-2）。そのことを保育者に伝えると、まさか休憩でアイスクリームが食べられると思っていなかったようで、後から「自動販売機でジュースが飲みたい」という意見も出てきました。

他にも「一人になれる場所がほしい」という意見もありました。保育では常に誰かと一緒にいるからこそ、一人になれる空間がほしくなる気持ちはわかります。しかし限られた空間に複数の個室スペースを作ることは至難の業です。

一方で、休憩室の過ごし方という機能性を重視し過ぎても、オシャレじゃなければ保育者は好きになれないだろうとも思いました。この問題を解決するために、複数のリノベーション業者に依頼し、休憩室のデザインをお願いしました。そして、保育者みんなで投票してデザインを決めていきました。

4 新しい休憩室で休憩はどう変わったか

休憩室ができるまで疑心暗鬼の保育者もいましたが、できてみるとみんなの憩いの場になりました。大きく変わった点としては、保育者のノンコンタクトタイムの過ごし方が変わりました。それまでは職員室で自分の仕事をする保育者が多かったのですが、休憩室ができたことで「休みに行く」「ホッとしに行く」ために休憩をとる人が増えたように思います。また、以前は疲れた時は椅子に座るという選択肢しかありませんでしたが、ジュースを飲む、

(写真1-5-3) 職員の会話も弾むようになった

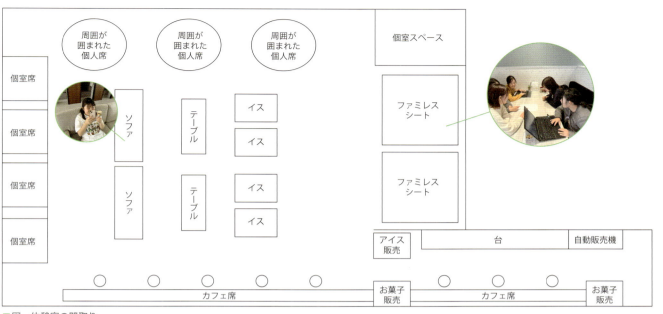

■図 休憩室の間取り

お菓子・アイスを食べる、横になるなど、自分のコンディションに合わせた休憩が可能になりました。

こうして休憩のバリエーションが増えたことで、少し休んだほうが仕事に向き合えるという声も聞かれるようになりました。他にも、職員室と異なり談話ができるので、職員間の仕事以外の会話も増えたように思います。これまで違う学年の保育者とは話す機会が少なかったですが、交流の機会も増えたように感じます（**写真1-5-3**）。

このようにさまざまな過ごし方ができる休憩室なので、保育者も愛着をもつようになり、自分たちで過ごし方や掃除のルールを決めていきました。みんなが使いやすい休憩室の「枠」を作ったのです。

5　職員主体の休憩室づくり3か条

休憩室を作っていた過程で大切なことは三つあります。一つ目は、休憩時間は仕事優先ではなく、自分のことを優先してもよいという意識を作ることです。それは、管理職がいくらメッセージを出していてもダメです。自分のことを優先できる環境が必要です。そこが休憩室づくりのスタートでした。

二つ目は、「無理かもしれない」で終わらず、まずは理想を出し、ワクワクして保育者が臨むことです。業者とやりとりする管理職は、あくまでも黒子のお手伝いで、休憩室を作る意思決定者は保育者です。

三つ目は、決めていく過程を大切にすることです。休憩室のデザインも、どう過ごしたいかも人によってバラバラです。しかし、声が大きい人の意見を通りやすくしてはいけません。声にならない隠れたニーズをアンケートで聞き出し、可視化して投票で決めるのが大切です。この民主的な手続きがあったことで、保育者は休憩室に愛着がもてたと思います。

多数の子どもと真摯に向き合うだけでなく、書類作成や教材研究等の準備も多い保育職は、体力的にも精神的にも負荷がかかる仕事です。だからこそ、保育者自身が休憩をデザインする当事者として真剣に向き合う必要があると思います。

6

遊び　想像　探究

園の中での遊びは多種多様です。
夢のような物語、絵本の世界のように想像をかき立てる遊び、見立てたり、
役割になりきったりしながら展開する遊び、何かをつくる、描く、踊るなどの表現は
イマジネーションとともに広がります。
また、見る、聞く、嗅ぐ、触るといった感覚を通して味わうことや科学的な探究、
規則性の発見など、リアリティのある遊びも面白いです。
両者は線引きできるものではなく、どちらも行き来することで面白くなっていくと思います。
その際、清心幼稚園では、「〜かも」というやりとりを面白がりながら、
イマジネーションとリアリティの境界を楽しんでいます。
そうすることで、お互いの価値観や考え方の「枠」が緩み、
ユニークな遊びが生まれる保育環境が醸成されていきます。
本事例では、4歳児後半から「〜かも」のやりとりを面白がって遊んできた、
5歳児の事例を紹介したいと思います。

清心幼稚園（群馬県前橋市）

イマジネーションと
リアリティの境界を遊ぶ
──「〜かも」を面白がりながら

1　「あの人、どうしてかたまってるの？」

ブロンズ像に興味津々

　春先、商店街の川縁を散歩していたところ、ある子どもが遊歩道に立っていたブロンズ像を見つけて「あの人、どうしてかたまってるの？」と言いました。すると他の子たちも「ほんとだ、かたまってる（のかも）」と続きました。どうして固まっているのかを子ども同士で話したり、真似をしたりしてみたのですが、答えは見つかりませんでした（写真1-6-1）。

　数日後、近くの公園に行ってみると、複数のブロンズ像を見つけました。それに気がついた子どもたちが「ここにも、かたまってる人たちがいる！」と、先日の話題に再び沸きました。やはり、どうして固まっているのかがわからないので、ひとまず自分たちも同じように固ってみてはどうか？　となりました。

固まる方法を皆で考える

　そこで、担当の保育者（以下、岡田さん）と固まってみたい子どもたちで、固まる方法を考えたところ、片栗粉をお湯に溶かして身体に塗ったら、乾いて固まれるのではないかと思いつきました。絵の具も入れて色づけしてやってみましたが、表面がカピカピになって固まっただけで、本当に固まることはできませんでした。

　そこで、「かたまってるのかも？」以外で、何か思いついたことがあるか、子どもたちに聞いてみたところ、いろいろな発想が出てきました。ある子どもは「自分の先っぽがなくなっちゃうかも？」と言い出し、どういうことか聞いてみると、自分の身体の先っぽと思うところをなくしてしまうのだそうです。そしてその子どもは、手のひらと指をビニール

（写真1-6-1）固まった子どもたち

テープでぐるぐると巻き始めました。

　また別の子どもは、両足を巻いて一本足にしていました。その状況で1日を過ごしていましたが、「(やってみて)使えないのが楽しかった」「(やってみたら)歩きにくかったし、座りにくかった」など、「(自分の)先っぽがなくなっちゃうかも？」という発想のイマジネーションから体験したこともあったようでした。

2　気になるので、何度も会いに行きました

ブロンズ像は萩原朔太郎さん

　遊歩道にいた「固まってる人」は、子どもたちにとってその後も気になる存在でした。秋になっても何度も会いに行きました。「なんだか、ちいちゃくなってる！」「そんなに細くなかった気がする」「髪型も変わってない？」と、会うたびに新たな発見がありました。「ずっとここにいるの？」などと質問攻めにしたこともありました。ブロンズ像に耳を当てて、声を聞いたりもしました。「うんうん」と頷きながら聞いたり、固まっちゃった姿を真似したりしていました。

（写真1-6-2）
朔太郎さんになるための仮面を作る

（写真1-6-3）できあがった仮面
（写真1-6-4）「野原に寝る」を聞きながら、愉快な夢を見る

　その後、このブロンズ像が「朔太郎さん（萩原朔太郎[1]）」だということがわかりました。近くには「さくたろうばし」や朔太郎さんの記念館があって、徐々に「これは実は朔太郎さんなんじゃないか？」とつながっていきました。しかし、朔太郎さんがどうして固まったのかはわかりませんでした。

　それでも「朔太郎さんと友だちになりたい」「朔太郎さんになってみたら、朔太郎さんのことがもっとわかるかもしれない」という声があったので、朔太郎さんになるための仮面を作って、朔太郎さんになってみることにしました。固まっちゃった朔太郎さんをイメージしてそれぞれに形をつくり、たくさんの朔太郎さんが生まれていきました（写真1-6-2、1-6-3）。

　その頃、岡田さんは、朔太郎さんが詩人だったことを伝え、園で朔太郎さんの詩を何度か朗読しました。『野原に寝る』という詩では、子どもたちが朔

(写真1-6-5）朔太郎さんになって、朔太郎さんに会いに行く
(写真1-6-6）持参した手作りマイクで朔太郎さんに質問

太郎さんの仮面をつけ、朔太郎さんになった気持ちで床に寝転んで"愉快な夢（詩の一節より）"を見ました（写真1-6-4）。

朔太郎さんへの思いを伝える

こうして朔太郎さんの詩とも心を通わせながら、朔太郎さんの仮面をつけ、改めて固まっている朔太郎さんに会いに行きました（写真1-6-5）。ある子どもは、自前のマイクを作っていて、朔太郎さんの声や歌をさらに聞きとろうと考えていました。「私は（自分の苗字）朔太郎です」と、朔太郎さんになって自己紹介をしたり、「僕は朔太郎さんのことが好きです」と伝えたり、「どうして家に帰らないのですか？」と質問したりして、それぞれに朔太郎さんへの思いを交換しました（写真1-6-6）。

3 子どもも自分の「心」を作ってみました

企画展に見学に行く

冬になり、前橋文学館で行われていた朔太郎さんの企画展が行われていることを知って、子どもたちにも見学を提案しました。前橋文学館は、萩原朔太郎さん所縁の品の収集や朔太郎さんの研究も行っています。そして、固まっちゃった朔太郎さんは前橋文学館前の道路を挟んで佇んでいます。

展示で最初に目に入ってきたのは『竹』という作品でした。子どもたちには、朔太郎さんの詩の中でもこの詩が印象に残っていたようで、「竹、竹、竹が生え。」というフレーズを一緒に暗唱する子どももいました（写真1-6-7）。

見えないものを想像する面白さ

園に戻って、改めて『竹』の詩を、岡田さんが朗読すると、地面の上と、地面の中の様子の竹を描いていることがわかりました。すると、それを知った子どもが、「朔太郎さんってやっぱりすごい。地面の中までも見えるんだね」と言いました。「〜かも」という想像の広がりが、「見えるのかも」を超えて、「見えるもの」として理解していると感じました。

詩を味わったあと、「私たちにも見えないものって何かある？」と、岡田さんが子どもたちに問いかけました。園内をいろいろと探した後、朔太郎さんの『こころ』という詩にちなんで、心の話をしてみると、「私たちの心も見えないね」という話になりました。そして、朔太郎さんが心に出会ったように、私たちも会ってみようと、自分の心を作ってみることになったのです。岡田さんが紙粘土を持ってくると、子どもたちはそれを使って、いろいろなサイズやテクスチャーで自分の心を表現し始めました（写

（写真1-6-7）朔太郎さんの展示を鑑賞（前橋文学館）

（写真1-6-8）自分の「心」を作ってみる

真1-6-8、1-6-9）。

　私は、子ども一人ひとりが創出する「心」の表現が全く想像つかないものだったので、とても驚かされました。見えないものを想像する世界の面白さに改めて気がつかされたと同時に、これまで子どもたちが育んできた「〜かも」という不確実さを前提にした環境が安心感となって、子どもたちの発想や表現が素直に表出していったように感じました。

4　互いの関係が寛容になっていく「〜かも」を園全体で緩く共有

「枠」が不自由さを生み出すときも、「〜かも」を大切に

　紹介した朔太郎さんとのやりとりは、5歳児クラス全員の取り組みではありませんでしたが、普段からどの子も継続した活動にかかわれるよう、子どもの興味・関心に応じた遊びを展開させています。そして、こうしたかかわりを日頃から園全体で緩く共有し、子どもも大人もお互いを尊重し合おうとする雰囲気、保育環境を醸成してきています。

　しかし、子どもが育っていく中で、イマジネーションよりもリアリティさが増していくときもあります。子どもによっては、生活の中で「〜しなけれ

（写真1-6-9）「心」を展示して、他の学年の子どもたちに紹介

ばならない」「〜してはダメ」のような規範が強くなり、この考え方の「枠」が、時として不自由さを生み出してしまうのです。同様のケースで、お家ごっこ中に「お兄さんお姉さんは何人いてもいいけれど、パパやママは一人」、女の子は「スカートを履く」「声がやさしい」のようなイメージを友だちに求めるあまり、遊びが中断したり、友だち関係がうまくいかなくなることもあります。そうしたときも、「〜かも」と考えたり、受け止めたりすると、考え方の「枠」や価値観の「枠」が緩まり、子ども自身の心持ちや子ども同士のかかわりも穏やかになっていくように感じます。

　これからも「〜かも」のような寛容さを大事にして、相手の気持ちに気づこうとしたり受容したりしていきながらイマジネーションとリアリティの境界を多様に遊んでいきたいです。

1）萩原朔太郎（はぎわら・さくたろう）…群馬県出身の詩人（1886〜1942）。主な作品に『月に吠える』『氷島』『猫町』などがある。

第1章 まとめ

本章では、空間に関する6つの事例を紹介しました。家具や玩具といった物的環境の場合と比較して、空間を操作したり変更したりすることは難しいと思われがちです。実際問題、園の間取りを見直す、保育を園外に広げるといった試みとなると、保育者一人の力ではどうにもならないことも多いように思います。

しかし、空間を環境構成の俎上にのせることができたのであれば、子どもの園生活をもっと自由でゆとりのあるものに、保育者の実践と働き方をより柔軟なものにできる可能性が拡がります。ここでは、各事例の内容を振り返りつつ、実践のためのヒントを整理してみたいと思います。

みえてきた「ワクワク」と実践のためのヒント

●壁を作ることは奥行きを創造すること（1）

保育室や園庭の間取りは絶対的なものとは限りません。家具等を用いて空間を仕切るという工夫は以前からみられましたが、昨今のDIYブームの影響もあって、新たに壁を作るという選択もより身近になってきたように思います。用途に応じて空間を仕切ることで、子どもたちは各々の活動に没頭しやすくなります。

しかし、本事例において注目すべきは、壁を作るという発想が、子どもたちを巻き込みつつ、空間にさまざまな奥行きを創造する楽しみへと発展していることです。自分たちで壁を作れるということは、素材や質感を工夫できるということであり、それによって空間のつながりや個性を演出することができます。奥行きを帯びた空間には、数や面積の変化に留まらない味わい深さが生まれるのです。

●世界観を投影した没入型の保育空間（2）

この事例のポイントは、スイカのなかで遊びたいという子どもたちの願いを、コーナーや遊び時間などの枠内にとどめず、保育室をまるごと使い、一定期間にわたって実現していることです。方法自体は、壁や天井にスイカ色のシートを張り巡らせるというシンプルなものですが、これにより、以降の子どもたちの暮らしは「スイカのなかで○○する」という新たな意味を帯びることとなり、絵本の世界観が見事に体現されています。

空間全体に世界観を投影することで、日常の生活や遊びに対して新鮮な視点で向き合い、新たな意味や発想を紡ぎだす可能性が拓かれます。保育室等を特定のテーマに染め上げることには多少の勇気が必要ですが、チャンスがあれば、世界観をつくる、世界観のなかで過ごすことにチャレンジしてみてほしいと思います。

● 園と地域の日常的なつながりを生み出そう（3）

本事例のように、地域は魅力的な素材や出会いの宝庫、園はそれらとじっくり向き合う場所といった循環を生み出すことで、二つの空間がともに探求を深める場として有機的につながります。また、園の活動や道具を地域に持ち込む、計画に縛られず地域を探索してみることも重要です。隣の部屋を覗くような感覚で地域を行き来できれば、保育はもっと柔軟でダイナミックなものになります。

さらに、園の日常と地域の日常がつながることは、園と地域、子どもと大人が、ともにこれからの生活を創造していくきっかけにもなり得ます。

● 場所の魅力を子どもの姿から探ってみよう（4）

保育空間を拡げる際は、それぞれの場所に潜む魅力を見極めることが大切です。通園バスも保育環境のひとつだからといって、保育室と同じように扱うと、保育者も子どもも苦しくなってしまいます。まずは、その場所だからできること、その場所がいま密かに果たしている役割などを子どもたちの姿から探ってみましょう。

安心と挑戦とが循環する切れ目のない環境づくりの第一歩は、ひとつ一つの空間の意味を大切に考えることだと思われます。

● 大人のための環境も主体的かつ民主的に（5）

労働環境の改善が課題視される昨今、保育者がホッとできる休憩室等を設けることは必要な選択です。しかし、大人のための環境づくりは、トップダウン的になったり、「大きな声」が優先されたりすることも多いようです。本事例では、全職員にアンケートをとり、しっかりと要望を拾い上げていくことで「自分たちの職場は自分たちでデザインできる」という雰囲気を作り出そうとしています。

子どものための環境づくりでは、一人ひとりの思いや興味関心が可能な限り考慮されているはずです。大人のための環境づくりにおいても、同じ発想で臨むことが、取り組みを成功に導く鍵となるかもしれません。

● イマジネーションとリアリティの循環で拡がる世界（6）

少し番外編となる事例6は、想像したことを現実で試す、現実から想像を膨らませるという循環のなかで、子どもの探求が深まっていく様子が活き活きと描き出されています。多くの想像は現実を土台にしており、現実を大胆に変革するアイデアは想像によって生まれます。事例のなかで登場した「〜かも」に真剣に取り組む遊びは、二つの領域の行き来を促し、子どもと大人がともに世界の見方を拡げていくためのヒントといえます。

第 2 章

時間から環境の構成を考える

保育環境について考えるとき、主活動など特定の時間帯、
行事や年度といった節目・区切りを意識してしまいがちです。
そうした時間の「枠」を見直してみることで、
もっとゆとりある生活が展望できるかもしれません。
本章では、あまり注目されてこなかった時間帯の保育を追求した事例（7、8、9）、
節目のあり方を問い直してみた事例（10、11）、
遊びのプロセスを美しく残すことにこだわった事例（12）を紹介します。

7

おやつの時間　駄菓子屋さん　紙芝居屋さん

どの時代でも、おやつの時間（以下、おやつ時間）は子どもにとって
嬉しい時間であることでしょう。しかし、家庭のおやつと保育のおやつは少し違います。
保育におけるおやつは補食として位置づけられており、
栄養の観点から内容が限定されます。
例えば、おにぎりやおせんべいのように薄い味つけのものが提供されることが
多いと思います。つまり、園のおやつ時間は好きなおやつの選択というよりも、
食事提供の側面が強いといえます。
一方で、家庭で食べるおやつは自分で悩み選びながら買う、
自由度の高いワクワクしたものです。
こうしたおやつ時間は子どもの生活の潤いになることでしょう。
一般的に「おやつ」は食べる行為が軸に考えられ、無意識に栄養補給、
食育などの枠でとらえがちです。しかし、食べる行為以外にも目を向けると、
いろいろな楽しい経験ができることに気づきました。

武庫愛の園幼稚園（兵庫県尼崎市）

子どもがワクワクするおやつ時間

1 ワクワクしない、いつものおやつ

　武庫愛の園幼稚園は、コアタイムの保育時間とその後の預かり保育時間（ホームクラス）に分かれています。預かり保育時間は午後の保育時間であり、家庭的な保育を目指しています。本園では家庭的な保育を「家庭のように過ごし方に自由度がありつつ、保育の場として集団生活の制約があるなかで、夕方のびのびと過ごす時間。そのため、保護者が迎えに来るまでただ過ごすのではなく、明日の活力につながるように子どもが充電できる時間」と考えています[1]。

　しかし、家庭的な保育を目指す以前は、あまり子どもの視点から考えられていませんでした。そのため、おやつ時間も決められたものが配布され、子どもが食べるというものでした。それでも、子どもにとっておやつは嬉しいものですが、栄養の観点からどうしても内容が限られてしまいます。そのため、たまに子どもから「また、おせんべいなん!? チョコとかポテトチップが食べたい！」という声が上がっていたそうです。

2 家庭的なおやつとは？ ──駄菓子屋さんごっこの誕生

　このようなおやつ時間でしたが、ある園内研修で見直されました。園内研修では家庭的な保育を考えるために、小さい頃、家庭での楽しかった経験を話し合いました。

　その時、ある保育者から「昔は学校から帰った後、友だちと一緒に駄菓子屋に行って、好きなおやつを買って食べるのが楽しかった」という意見がでました。その言葉をきっかけに、午後の保育でも駄菓子屋に行けるのでは？　と考えました。

　話を詰めていく過程で、子どもの人数の関係から駄菓子屋に行くことはできませんが、園で駄菓子屋さんごっこはできそうだとなりました。とはいえ、いつものお菓子のままだと子どもはワクワクしません。そこで、保護者に駄菓子屋さんごっこのねらいを説明し、そのイベントの日だけスナック菓子を食べてもよいか確認しました。また、いつものおやつとは異なるのでアレルギーにも十分配慮し、万全の準備を整えて駄菓子屋さんごっこに臨みました。

駄菓子屋さんごっこ当日の様子

　駄菓子屋さんごっこ当日は保育者が店員になり、子どもたちにはおもちゃのお金を70円分配りました。与えられたお小遣いをやりくりしておやつを買った経験のない子どもが多く、最初は戸惑っていましたが、実際におやつを目の前にすると嬉しそうに選んでいました。

　「待って！　うまい棒だと7本買えるやん！」とそのコスパの良さに驚く子もいれば、大好きなキャベツ太郎とどら焼きだけで十分という子もいました。また、いつもはみんなと一緒じゃないと不安な子

(写真2-7-1) お金の使い方、お菓子の選び方も一人ひとり異なる

も、自分の好きなおやつを選んでいました。食べたいものを衝動的に買う子もいれば、計算して多くの種類が食べられるかを慎重に考える子もあり、お菓子の選び方にも子どもたちの個性が見られました（写真2-7-1）。

次の日には、「今度の駄菓子屋さんいつ？」と子どもたちは嬉しそうに聞いていました。

栄養的な「枠」を外して見えてきたもの

こうして駄菓子屋さんは子どもの楽しみとなり、今では学期に1回行うようになりました。2学期、3学期になると年長クラスの子どもが駄菓子屋さん役になり、年下の子どもに売るなど役割を変えて楽しむようになりました。

おやつを与えられるだけでは、子どもはワクワクせずただ食べるだけです。お金という設定があることで制約ができ、何を買うかという楽しみにつながっていたようでした。お金のやりくりを知ること

も、駄菓子屋さんごっこの醍醐味です。栄養的な観点という枠を外して、おやつと関連する遊びや楽しさに保育者が目を向けられたことが、子どもにとって充実したおやつ時間になることにつながっていました。

3 紙芝居屋さんがやってきた！

駄菓子屋さん以外でも、子どもがワクワクするおやつの機会を考えました。そこで出てきたアイデアが紙芝居屋です。「紙芝居屋さんが来て、おやつを配って、おやつを食べながら紙芝居が見られたら面白くない!?」ということになりました。

当日は、紙芝居屋さんに変装した保育者が鐘を鳴らしながらやって来て、おやつを配るのです。紙芝居屋さんを経験した子は誰もいなかったものですから、「なんか、へんな人が来たぞ！　おやつ配ってるで！」と、子どもたちは大興奮で集まってきました。

(写真2-7-2) 初めて見る紙芝居屋さんに興味津々

おやつを食べながら紙芝居を見ることにも、特別な思いを感じていました(写真2-7-2)。何回か繰り返すうちに、「紙芝居屋さんを自分たちでもやってみたい！」という声が子どもたちから上がりました。そして、交代しながら紙芝居屋さんごっこを楽しむ姿もありました。

4 保育における「おやつ時間」の可能性

一般的に「おやつ時間」は食べる行為が主軸に考えられがちですが、食べる行為以外にも目を向けると、いろいろな楽しい経験ができることに気づきました。私たちは無意識に、おやつは食べる行為、栄養補給、食育など、ある種の枠で考えがちです。それが結果的におやつをルーティン化し、子どもにとってつまらないものにしているのかもしれません。

もちろん、おやつには栄養補給やアレルギー対策など、押さえておくべきポイントはありますが、そこを押さえつつ何ができるか？ 保育のおやつは、まだまだ広がり、面白い可能性があると思います。

おやつ時間を見直すにあたり、まずは保育者が子どもの頃の楽しかったおやつの思い出を振り返ってもいいかもしれません。友だちとおやつを交換するのが面白かった、お手伝いのお駄賃で買って食べたのが嬉しかった、親と一緒に手作りしたのが忘れられないなど、何でもかまいません。自分が子どもの頃楽しかった経験は、現代の子どもにとっても同じはずです。あまり肩に力を入れすぎず、こんなおやつの時間だったら楽しそう！ くらいのほうがいいかもしれません。

1) 午後の保育時間の一つのコンセプトであり、園内研修で岡健先生（大妻女子大学）に教わった。

8

夕方の保育　預かり保育

武庫愛の園幼稚園は認定こども園という性格から、
午前中の保育時間（コアタイム）とそれ以降の午後の保育時間（預かり保育時間）があり、
時間帯によって子どもたちが過ごすクラスが異なります。
本園の午後の保育時間は、いわゆる保育園の夕方保育に当てはまります。
2019年まで、午後の保育についてそれほど深く考えていませんでしたが、
その翌年に午後の保育にも担任制を導入して
「家庭的な保育」の視点で子どもの生活を考え直すようになりました。
しかし、頭で理解していても、午前中の時間の保育環境のあるべき枠を外して、
実際にどう環境を作っていけばよいのか悩み、試行錯誤しました。

武庫愛の園幼稚園（兵庫県尼崎市）

落ち着く、気を抜く、解放する夕方の保育

1 午後の保育環境の見直し ——午前と午後で子どもの姿が全然違うよね

落ち着かない午後の保育時間の子どもたち

「なんか同じコーナーなのに、午前と午後で子どもの姿が全然違うよね……」

午前中の保育時間の担任を長年務めたY先生が午後の保育時間の担任になった当初、よくつぶやいていました。午前中の保育時間と比べて、午後の保育時間の子どもは気持ちがハイになっていたり、どこか情緒不安定だったり、けがも多く見られました。このような子どもの姿から、午前と午後の保育環境が違うのではと思いました。それが午後の保育を見直す出発点でした。

保育所では長時間子どもが生活するため、時間帯によって環境構成を変えていることがよくあります。しかし、幼稚園から認定こども園へと変わった本園は、午前の子どもの姿をよく理解していませんでした。本園の午前の保育環境は、小川博久先生（故人。東京学芸大学名誉教授）の「遊び保育論」[1]に基づき、3点コーナーの保育を用意して行っています。その3点コーナーの保育環境で、子ども同士は見る-見られる関係になり、相互に影響しあいしながら集中して遊びこむ姿が見られます。

しかし、午後の保育時間では午前と同じ環境構成をしても、子どもたちの遊びは崩壊していました。なぜなら、子どもによって心身の調子が異なってい

たからです。午前中の保育時間の活動に疲れてゆっくりしたい子や寝る子がいれば、抑制していた気持ちや行動を解放したい子どももいました。

身体が落ち着く遊びでも、子どもの気持ちや思考は休まらない

それでは疲れた子どもが落ち着ける静かな環境を作ろうと、ブロックや積み木なども用意しました。しかし、子どもの身体的な動きだけを想定した保育環境を用意しても、うまくいきませんでした。一見すると落ち着いて遊んでいるブロック遊びでも、子どもは頭の中で「どうやってイメージを形にしようか？　どう組み合わせようか？　そのためにどのパーツが必要か？」といろいろ考えており、集中していました。

保育者は、子どもにとって身体が落ち着く遊びであっても、気持ちや思考が休まらないことに気づきました。保育者は無意識に、午前中の保育時間では当たり前だった「落ち着ける遊び＝集中できる遊び」という枠で環境構成をしていたのです。そこから、子どもが落ち着ける遊びではなく、心身ともに安らぐ安心感が得られるように、何も考えずに落ち着ける場所を探っていきました。そして、絵本コーナーにYogibo（クッション）を置くことにしました。今では、子どもはその日のコンディションに合わせてYogiboの場所を選ぶようになりました。

家庭的保育の観点で考えると、家庭にあるような玩具で遊べる環境を整えることも、子どもが気

持ちを切り替えるうえで大切だと気づきました。ある保護者は「うちの子は家ではプラレールで遊ぶことが好きなんだけど、家に帰ると散らかるから遊ばせてあげられずにYouTubeを観せて、その間にご飯を作って、すぐにお風呂に入れて寝かしつけています」と言っていました。

時間的制約によって家庭で好きな遊びができない。それならば、園で子どもが家庭の遊びをできるようにしたいと考えました。そこからは、リカちゃん人形、シルバニアファミリー、ポケモン、プラレール、トミカなどを玩具に加えました。すると、午後の保育の部屋に行くことを嫌がっていた子が、それを楽しみにやってくるようになりました。家庭的保育を目指すのであれば、子どもが帰ってきたくなる保育環境が大切だと思いました。

2 子どもの気持ちが発散できる室内保育環境とは？

抑制していた気持ちや行動を解放したい子どもへのかかわり

午後の保育時間には心身ともに落ち着きたい子どもがいる一方で、抑制していた気持ちや行動を解放したい子どももいます。皆さんも、小学校から帰ってすぐにランドセルを玄関に置いて、遊びに行った経験はありませんか？　すぐに遊びたい！発散したいという気持ちは、園の子どもにもあります。ただし、職員配置や熱中症アラートの関係から、午後の保育時間にすぐに外遊びをすることはできません。どうやったら気持ちを発散できるのか？すぐに答えは出ませんでした。

ある日、プラレールに熱中していたA君が「もっと、たくさんプラレール出したい！」と言いました。するとBちゃんが「嫌だ！　プラレールがいっぱいあると、シルバニアで遊ぶ場所が狭くなるもん！」と怒りだしました。この件を保育者同士で話した時、「別にクラスという枠にこだわらなくてもいんじゃない？　園の広さを活かして伸び伸びとプラレールをしたほうが楽しいかも！」という意見が出ました。

そこで試しに、子どものニーズで分けた部屋（プラレールだけの部屋、リカちゃん・シルバニアファミリーだけの部屋）にして、たくさんの玩具を集めたところ、いつも以上に遊びはダイナミックなものに盛り上がりました（ただし、しっかりと誰がどの部屋に行くかを保育者が把握したうえです）。

また1種類の遊びを1部屋にしたことで、保育者の目も子どもの遊びに行き届きやすくなりました。それまではプラレールの電池の交換を子どもが来る前に準備していましたが、この時は子どもの前で行いました。すると、電池交換を見た子どもたちが、プラレールの構造にも興味をもち、楽しむ姿がありました（写真2-8-1）。

（写真2-8-1）玩具の構造にも興味をもち始めた

このように遊びの種類は限定されたものの、子どもの遊び方や興味・関心は以前よりも広がりました。いつも「もっとプラレールで遊びたい！」というK君も、この日は「楽しかった〜！」と満足したようでした。子どもが気持ちを発散するにあたり、あらためて環境構成の大切さを感じました。

クラスという枠を取り払う

クラスで考えると、その部屋で遊びや生活が行われることが前提になります。クラスでは生活しやすいものの、広さの制限から各コーナーは狭くなり遊びがダイナミックになるには限界があります。しかし、例えばプラレールを一つの部屋に広げると町ができあがり、イメージが膨らみます。このようにクラスという枠を取り払うことで、より子どもにとって魅力的な遊びになったと感じます。

3 五感で感じる外遊びへの転換

気を抜く時間の作り方

家庭的な保育で午後の保育を考え直した時、ボーっとできる気を抜く時間も大切だと気づきました。しかし、午前の幼児教育時間の感覚で子どもを見ていると、あの子は遊べていないなとか、もっと遊びが盛り上がるには保育者がどう援助するかなど考えがちでした。

室内遊びではそのように考えていた一方、外遊びは子どもにけがが起こりそうでないかを見ることに集中し、園庭の環境構成にあまり注意を払っていませんでした。

ある日、近隣のはまようちえん（兵庫県尼崎市）の

（写真2-8-2）足湯から四季を感じる子どもたち

（写真2-8-3）火を起こしてお餅を焼く様子

公開保育に参加した時のことです。同園の園庭遊びがとても魅力的でした。子どもが遊んでいる横で、火を焚いて保育者が味噌汁を作っていました。その様子を見る子どももいました。そこには、最近の日本では失われつつある、ゆったりとした生活がありました。

公開保育からヒントを得て、園庭で五感を感じられる遊びをするようになりました。足湯では「寒いから外に行きたくない！」と言っていた子が「足湯はいりたい！」と積極的に外遊びに出ていくようになりました（写真2-8-2）。子どもによっては「寒さ」にネガティブな感情をもってました。でも「寒い」から足湯が気持ちいいというポジティブな感情が生まれる保育環境を用意したことで、四季を豊かに感じられるようになりました。

また、園庭でたき火も行うようになりました（写真2-8-3）。家では当たり前のようにガスで火がつきますが、実際に薪から火をつけるとなると時間がかかります。子どもたちは「火ってすぐつかないんだね！」と、その難しさに驚いていました。ずっと夢中になり続けて集中することはできません。ぼーっと火を見つめることで気持ちを切り替える子どももいました。

1）小川博久『遊び保育論』萌文書林、2010年

土曜保育とは、園での土曜日の保育を指します。
一般的には保護者の就労等の利用条件があるため、子どもの人数は少なく、
決まったデイリープログラムもないため、
ゆったりとした雰囲気の保育が展開されています。
土曜保育は教育課程の活動に含まれず、
保育の余白のような位置づけと思われがちです。
そのため、研究や書籍で取り上げられたり、
議論されることはほとんどなかったように思います。
しかし、子どもにとって土曜保育は特別な時間のようです。
本事例では、土曜保育という環境の構成について考えます。

立花愛の園幼稚園（兵庫県尼崎市）

平日にはできないことを可能にする「土曜保育」

1 土曜保育を見直すきっかけ

子どもたちの興味・関心を把握していなかった「土曜保育」

平日の保育と関係のない余白という枠でとらえれば、土曜保育はただ過ぎていくだけの保育時間となります。一方で、平日にできなかった、子どもがやりたいことを実現できる余白という枠でとらえれば、子どもにとって充実した楽しみな時間になるでしょう。ゆとりは大切ですが、保育者が活動を流して子どもがダラダラ過ごすことは避けなければなりません。言い換えれば、「土曜保育だからできない」ではなく「土曜保育だからできる」ことを探すことが重要だといえます。

立花愛の園幼稚園の土曜保育が見直されたのは、つい最近のことです。それまでの土曜保育には固定された担当がおらず、週替わりで保育者が替わっていました。保育者は土曜保育に来る子どもと日常的にかかわる機会があまりなかったため、彼（女）らの興味・関心を把握していませんでした。

また土曜保育では、1、2歳児クラスの子どもも同じ部屋で過ごしており、園で穏やかに何事もなく過ごすことが多かったといいます。それでも、土曜保育は子どもたちと折り紙等をしながらじっくりとかかわれる特別な時間だと認識されていました。

土曜保育の3つの特徴

ある年、新婚のK先生から、土日出勤のある夫と休日を合わせたいという申し出があり、彼女は土曜保育の専任になりました。K先生はこれまでの経験から、土曜保育は平日よりも少人数のため、夕方になると普段よりもさびしくなり「帰りたい」と言う子どもが多い一方で、子どもの人数が少なくゆるやかに過ごせるので、平日の保育よりも自由度が高いと感じていました。

こうした土曜保育の時間的環境は、これまで大人の都合で考えられていましたが、K先生は子どもが時間をつぶすような保育にはしたくないと考えました。

K先生はまず、土曜保育が子どもにとってどのような時間かを知ることから始めました。すると、土曜保育には3つの特徴があることがわかりました。一つ目は、毎週固定されたメンバーが来るため、異年齢クラスのように子ども同士が安心して過ごせる点です。

二つ目は、平日の保育では一斉活動が多いものの土曜保育は時間がゆるやかなので、子どもが個々で遊びを深められる余白がある点です。例えば、「この楽器がしたい！」と木琴を出して一日中叩き続ける子もいました。

三つ目は、土曜保育は余白が多いからこそ、環境が十分に用意されないと、子どもにとっては退屈でダラダラした時間になる点です。そのため、土曜保育を嫌がる子もいたそうです。

K先生は、大人でも6連勤はしんどいのに子どもにとってはなおさらではないかと思いました。そこで、子どもにとって園に来るのが楽しみになる土曜保育を目指すことにしました。とはいえ、平日の活動の延長をしても、子どもは疲れてしまいます。そこで、家庭のようにゆるやかに過ごしながらも、特別感がありワクワクできる保育を模索しました。

2 子どもの楽しみになる土曜保育とは？たくさんの「やりたい」を実現させたい

平日にできないことをかなえる

土曜日は平日と比べて少人数であるとはいえ、K先生が取り組むまで、子どもが特別感を感じる保育にはなっていませんでした。担任の保育者はローテーションで出勤するものの、普段の保育の準備に多くの時間を割き、土曜保育の準備まで手が回っていませんでした。

このように、土曜保育は1週間の中でも「余白」の時間になっていましたが、十分に保育内容が検討されているとはいいがたい状況でした。そのため、子どもにとっても、土曜保育は長くてつまらない時間だったかもしれません。毎週土曜日に保育に来る子どもの中には、金曜日になると「明日は〇〇君が来るん？　えっ、来うへんの。なら、行きたくない！」という子もいたそうです。

このような状況を見たK先生は、子どもが来るのが楽しみになる土曜保育を目指し、「平日に子どもがしたいけど、できないことを叶える」ことから始めました。これは、K先生が午前保育のクラス担任をしていたとき、子どもから「〇〇〇したい！」と声が上がっても、タイムスケジュールの関係でできないことが多く、子どもに我慢をさせていた後悔も関係

（写真2-9-1）クッキングを楽しむ土曜保育の様子

していました。

子どもたちに「何がしたい？」と聞くと、たくさんのやりたいことを伝えてくれました。例えば、絵本で見たホットケーキを焼いてみたいという声があがれば、事前に保護者に確認をとり、実際にクッキングをしました。ただし、土曜保育には1歳から6歳までさまざまな年齢の子どもがいたため、月齢の違いからすべてを一緒にすることはできませんでした。それでも、できるところは一緒にし、同じ空間を過ごすうちに、お兄さん・お姉さんに刺激され、1歳の子どもも楽しむようになっていきました（写真2-9-1）。

子どもが楽しみにする土曜保育の秘訣

このような取り組みを続けていくと、土曜保育を楽しみにする子どもが増えてきました。木曜日や金曜日になると、子どもは自分ではできない遊びを保育者に伝えるようになりました。土曜保育は時間に余裕があるため、自分の好きなことを何時間もできます。そのため、段ボールを使ってビー玉転がしのコースを1日中作る子どももいました。

また、土曜保育は登園する子どもの人数がかなり少ないため、普段は遊べない場所で楽しむこと

(写真2-9-2) 憧れの芝生で思い思いに過ごす

もできます。例えば、園の1・2歳児クラスの横には芝生の広場がありますが、普段は3〜5歳児クラスの子どもは遊べません。子どもたちは、普段横目で見ていた芝生遊びにとても魅力を感じていたのでしょう。K先生に「先生〜、俺さ〜、あの芝生のところでゴロゴロしたい」と漏らしたのです。K先生が芝生に連れて行ったところ、子どもたちは大喜びでずっとゴロゴロしていたそうです。また、1・2歳児クラスにしかない玩具を使えたことにも特別感を感じていました（写真2-9-2）。

普段の保育では、時間や人数の制約で子どもがやりたくてもできないことは数多くあります。ですが、土曜保育では実現することが可能です。それをK先生は可能限りすべて実現したことが、子どもが楽しみにする土曜保育の秘訣になっていたのです。これまで、保護者に「土曜日は○○くんも□□ちゃんもいないから行きたくない！」と渋っていた子どもも「明日は土曜日だから、いろいろなことができんねん！」とワクワクして登園するようになったそうです。

3 土曜保育の自由度の高さが可能にすること

自分が食べたい時間に昼ごはんを食べる

土曜保育はいろいろなことができます。なぜなら、通常の保育と比べて、時間や人数の制約がゆるやかだからです。制約のゆるやかさは、次のようなことも可能にします。

第一に、時間に追われずに、好きな時間に子どもはお昼ご飯を食べます。通常の保育では、カリキュラムに基づく1日のスケジュールが決められているため、子どもたちはおおよそ決まった時間に一斉に給食を食べます。それは、コアカリキュラムの時間に合わせて同じような時間帯に登園して、一斉活動を行うからです。

K先生も、時間が来たら一斉に昼食をとるようにしていました。しかし、土曜保育では通常の保育よりも子どもの生活時間や遊びの熱中度に違いがありました。通常の保育は登園時間がおおよそ揃うものの、土曜保育に来る子は保護者の仕事に合わせてくるので、登園時間にバラつきがあります。そのため、朝6時に起きて朝食を食べて7時半に登園する子がいる一方、10時前に起きて朝食を食べて10時半に登園する子もいます。

このように生活時間が異なると、遊びの熱中具合だけでなくお腹の空き具合もバラバラです。そこで土曜保育では、子どもたちがゆっくりと楽しんで過ごせるように、子どもが納得いくまで遊ぶことを大事にし、自分が食べたい時間に昼ごはんを食べるようにしました。すると、通常の保育とは異なり、ゆとりをもって過ごせるようになり、ともに生活する中で気遣いも生まれました。例えば、「食べている子がいる横で、どうやって遊んだらいいかな？」と子どもと考えることもあったそうです。一斉に同じ活動をしないからこそ、生活の中で気遣いしない

といけないこともある。これも子どもにとっては大事な経験です。

一緒に考えて遊びが展開する

第二に、土曜保育ならではの特別感のある遊びです。先ほど紹介したクッキング、木琴、芝生遊び等も含まれます。土曜保育ならではの特別感のある遊びで大切な点は2つあります。一つ目は、保育者が一方的に企画するのではなく、子どもと一緒に調べて準備を楽しむことです。

例えば、芋ほりの芋が余り、子どもたちから「これ、どうやって食べる？」と声が上がりました。通常の保育では調理員に渡して調理してもらいますが、土曜日はいません。K先生は、何ができるかを子どもと一緒に考えました。そうしてクッキングの候補に上がったのは、スイートポテトでした。子どもたちは「スイートポテトを作ろう！」と張り切っていましたが、すぐに「でも、どうやって作るの？」となりました。

K先生は調べることも面白い経験になると考え、普段は子どもが使わないノートパソコンを保育室に持ってきました。スマホは知っているものの、パソコンにはなじみのない子どもたちは、試行錯誤してタイピングをしながら検索しました。こうして自分で調べて作った料理は格別で、毎週のようにレシピを調べてクッキングを楽しみました。

園庭開放のお手伝いをしたこともありました。土曜日の園庭開放を見た子どもたちから「お手伝いしたい！」と声が上がりました。そして、子どもたちは園庭開放に来る小さい子どもがどうしたら楽しめるかを考えました。「あまりいっぱいのお兄ちゃんやお姉ちゃんが来たら、怖いんじゃない？」と話し合い、当日は小さい子どもに1対1でつき案内しました。さらには「園庭開放にクリスマスの飾りいらんの？」と自分で気づいて用意することもありました。

保育室という「枠」からはみ出す

二つ目は、保育室という枠から出ることです。保育室から職員室や園全体を使ったことで楽しめたことがあります。例えば、土曜保育の夕方、子どもたちが次第に降園していくと、いつも以上に人数が少なくなり、残った子どもたちはさびしい思いを感じています。

そこでK先生は、面白さを感じられるように過ごす場所を工夫しました。その場所は職員室でした。実は、子どもにとって職員室は魅力的な場所でした。いつもはなかなか入れない部屋であるため、子どもたちは職員室に何があるのか、先生たちがどのような仕事をしているのか興味津々でした。長い定規などの文房具や保育のカタログは子どもの興味を引き、いろいろな好奇心を掻き立てられたのです。

節分の時には、園内全部を使って豆まきをすることもありました。これらの場所は普段行けない場所ですが、保育者に何も言われなくても、子どもたちは「ここから先は行ったらダメ」と理解して楽しんでいました。

園内から園外に出たこともあります。ある日、木登りが得意な子が「幼稚園の木は全部上った〜。他の木にも上りたい」とつぶやきました。これまで、土曜保育では散歩に出歩けることはありませんでした。しかし、園の近隣の公園であれば職員体制的に可能、ということを確認し、散歩に出かけました。

園外に出る前は、どこの公園に登りやすそうな木があるかを子どもたちで話し合っていました。散歩に出かけて、公園の木に登ると、子どもたちは満足そうでした（写真2-9-3）。その日から、子どもたちはどこの公園に面白い木があるかとアンテナを張り、情報交換していました。

また、「次の週にホットケーキを作ろう」となり、材料を買いに商店街に散歩に行くこともあります

（写真2-9-3）木登りを楽しむ子どもたち

（写真2-9-4）おやつを買いに出かけることも

（写真2-9-4）。他にも、商店街にあったパン屋さんのパンが食べたいとの声があがり、おやつを買いに行ったこともありました。園内だけでなく園外でも遊んだり、散歩に行った経験は、外の世界に対する子どもの興味・関心を広げました。

4　土曜保育で大切なポイント

　土曜保育を見直し、子どもたちが自分の興味や関心に基づいて活動できる自由度の高い環境を作り出したK先生の取り組みから、土曜保育のポイントを考えます。

① **余白を活かす**…土曜保育の時間的な余裕と少人数であることを活かし、子どもたちが個々のペースで活動できる環境を提供することが大切です。
② **特別感と個別対応**…子どもたちが平日できない活動（クッキングや散歩など）を実現することで、土曜保育が「特別な時間」として楽しみにされるようになります。
③ **子どもと楽しみながら計画する**…K先生は、子どもたちとともに保育内容を決め、子ども自身が自分の「やりたい」をかなえられる保育を実践しました。これによって、土曜保育への期待感が高まり、子どもたちも登園を渋ることがなくなりました。

　最初からすべてはできません。一つずつできることから始めてみませんか。

`行事`　`保護者`　`生活の流れ`

10

2020（令和2）年、新型コロナウイルス感染症が拡大し、
一斉休校や登園自粛の影響によって生活や時間の流れが途切れました。
保護者が集う行事「運動会（以降、「清心ピック」）」「クリスマスを祝う会」や、
感染リスクが高い飲食を伴う行事「餅つき」等、
多くの行事（季節行事・園行事）が休止になりました。
2021（令和3）年からは徐々に行事を再開していきましたが、
特に「清心ピック」は、前橋市の会場を借りていたことも影響し、
人も物も移動する必要があったので、大きな変更が必要でした。
そこで、これまでのイメージをいったん横に置いて、新しいスタイルで考えることにしました。
本事例では、その「清心ピック」に焦点を当て、どのように変容させていったのか、
そのプロセスを振り返りながら、これからの園行事について考えていきます。

清心幼稚園（群馬県前橋市）

行事はゴールではなくスタートの日!? 時の流れを切らない試行錯誤

1 歴史を紡ぎながら変容してきました

100年続いてきた清心幼稚園の「運動会」

園に残っている1933（昭和8）年の卒業生の寄稿文に、1825（大正14）年に行われた「運動会」の記録が残っています。園庭が狭いため、近くの公園や利根川河川敷等で実施したこともあったようです。歴史的には太平洋戦争で前橋空襲も経験しましたが、運動会がなくなることはありませんでした。コロナ禍前には70年以上も続く、世代を超えて親しまれたプログラムもありました。最近は、前橋市のグラウンドを借りて10月上旬に開催しており、午前中だけの行事になっています。

今からおよそ20年前、2003（平成15）年に名称を運動会から「清心ピック」に変えました。「運動会」のイメージから、より子ども主体で普段の生活の流れを大事にする保育にしていきたかったというのが理由です。

2019（令和元）年の「清心ピック」のプログラムでは「子どもたちの姿」というページを添付し、各学年の保育者が、プログラムの内容について、子どもの声とともに日常の保育とのかかわりを書いていました。「清心ピック」という行事を通じて、保護者に園の保育や子ども理解につながっていくことを願っていました（写真2-10-1）。

朝から子どもたちを預かり、子どもと保護者は会

―子どもたちの姿―

> 子どもの遊びや発想をともに楽しみましょう。どのプログラムもユニークです。プログラム内容の一部をご紹介しますので、目を通していただけたらと思います。
>
> 清心幼稚園園長　栗原千代子

○ プログラム２「いっしょにあそぼ」
<年少児とおうちの方>

「清心ピックっていうのがあって、王山運動場っていう
前橋公園みたいなひろ～～～い草の野原に行くんだよ」

「そこでなにしよう？」と聞いてみると…
「走りたい！」「おにごっこする～！」「ごろごろ競争したい！」
「パパとママにちゅーしたい！」「え～？！」

やりたいことがたくさんあるようです。何がはじまるのかな？

> 清心ピックって何だろう！？そんな子どもたちと同じ気持ちになってご参加ください。
> 「今日１日過ごしてたのしかった」「身体うごかして気持ちよかった」など、おうちの方にも、それぞれがそれぞれに感じて頂けたらと思っています。
>
> （年少担当）

（写真2-10-1）プログラムごとに、子どもの姿を添付（2019年度のプログラムから抜粋）

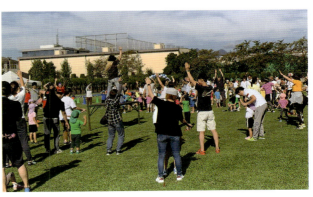

（写真2-10-2）参加者全員で準備運動

場内で別々に過ごします。保護者と一緒に参加するプログラムがあれば、それぞれがフィールドに集まり、終われば元の場所に戻るというスタイルです（写真2-10-2）。2学期が始まる9月早々に、3歳児以上の各学年で「清心ピック」の話をして、そこでどんなことをしたいか子どもたちと相談して準備を進めていました。当日に向けて楽しみに待つ気持ちも大事にしていました。

2　コロナ禍のショックが変容してきました

生活も、時の流れも止まる事態に

2020年度当初から感染症対策に追われました。明るい見通しはなく、日々の保育や行事のあり方を見直すことに注力していました。登園できない子どものためにどうするか考えていた時期であり、園から配信するお便りのスタイルも変えていきました。

4月中旬より始まった前橋市からの登園自粛は、6月に解除となりました。園と幸の会役員会（保護者と園職員が構成する団体、以下役員会）で「清心ピック」開催に向けた話し合いが始まりました。ところが、9月に入って近隣地域の複数の園で休園となる状況があり、その後は日常の保育を優先する対応になりました。「清心ピック」の中止を含む各種行事の休止に関する通信が保護者に配信されると同時に、保護者の出入り制限が大きくなりました。保護者にとっては、園の子どもの様子や育ちを直接見る、知る機会が大幅に減少していきました。

どの考えも尊重したいという思い

翌年の8月、役員会で「清心ピック」を開催するかどうか意見交換しました。「実施して欲しい」「実施して大丈夫なのか」と両方の声がありました。ほとんどの行事は休止が続いていたので、どちらの意見も当然でした。私たちも「再開したいけど、感染症が広がるのは困る」「もし行事がきっかけで感染症が広がったらどうなるのか？」と葛藤し悩みました。そして思いついたのは、「任意参加」という方法でした。選択ができれば誰もが安心できると考えたのです。役員会では「それぞれの考えがある」「任意参加はいいと思う」と賛同がありました。そして「実施していただける分には協力したい」という声があったので、これまでにはない発想の視点で次のようなことを検討していきました。

- 誰が参加しているかがわかるようにするための出入りや受付後の管理（写真2-10-3）
- 当日の緊急対応の基準
- 会場内を指定席にして密が起こらないようにする（写真2-10-4）
- モノの受け渡しをしないプログラム内の調整
- 幸の会が企画するワークショッププログラムの内容
- 除菌の徹底

（写真2-10-3）感染症対策のため受付で入退場を管理。会場内の安全にも効果
（写真2-10-4）指定席エリアなどが分かる「会場マップ」

(写真2-10-5) 清心ピック2023プログラム

◎すべて おうちのかたと たのしむ プログラムです
◎ワークショップ どうじ かいさいちゅう (うらをみてね)

No.	タイトル	こんな内容です	ねんしょう	ねんちゅう	ねんちょう	1・2歳児	しょうがくせい	ボラ	ピックちゃんの〇〇	ミニピック
0	れんそう して あつめよう	"つながり" を テーマにした ワークショップで たのしもう! (幸の会主催)	○	○	○	○	○		-	-
1	はじまりはじまり~ あいさつ・ストレッチ	これから たくさんからだを うごかしますよ~ ケガをしないように カラダをのばしましょう	★	★	★	○	○		-	-
2	むかしむかし　あるところに・・・	すてきな ものを あつめていると・・・♪ あれ、たくさんの〇〇が!?	★					低	♪	♪
3	のこった　のこった	あっちに こっちに どっちに!? いこうかな もどろうかな?			★				♪	♪
4	えっさか　ほいさか	おとなと こどもと はこぼう!		★				低	♪	♪
5	うきうき MOVING!(続)	からだで こんなことも あんなことも…!! おもわずおどっちゃおう~	★	★	★	○	○		-	♪
	ちょっと ひといき	もうすぐ こうはん はじまるよ! ねんちょうさんは つぎのじゅんびしようね						高	♪	♪
6	ねんちょうリレー	ねんちょうさんが チームで はしります			★			高	-	♪
7	ゴロ　ゴロ~ン　ゴロン	ことしは やります!! かぞくで にげきれるかな?	○	★				高・中	♪	♪
8	な一るほど・ザ・せいしん!	これで あなたも せいしんつう!? おたのしみも ありますよ! おいでおいで~!	○	○	○	○	○		-	-
9	ザ・ベスト!!	ねんちょうさんは さいごのせいしんピック! かけぬけてください!!			★				-	-
10	ピックダンス2023	フィナーレは みんなでおどります	★	★	★	○	○		-	-

―プログラムの印について―　ボラ…しょうがくせいいじょう の ボランティア を ぼしゅうする プログラムです。低…低学年/高…高学年/中…中学生
★…さんか してください　○…さんかしても いいですよ　♪…やっています
＊「ピックちゃんの〇〇」は ねんちゅうさん いじょう たいしょうです
＊「ミニピック」は ねんしょうさんと 1、2歳児さん たいしょうです

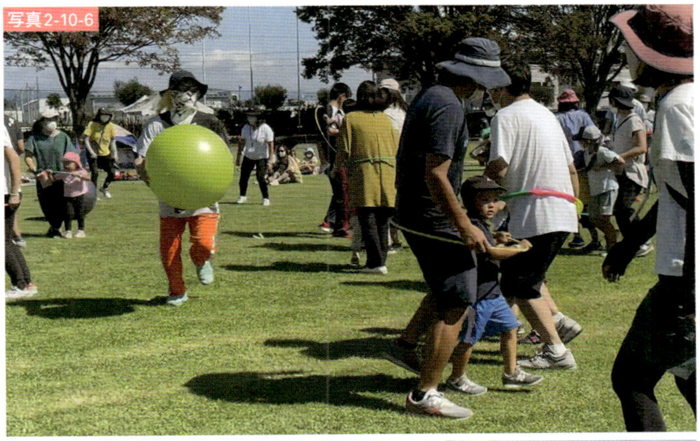

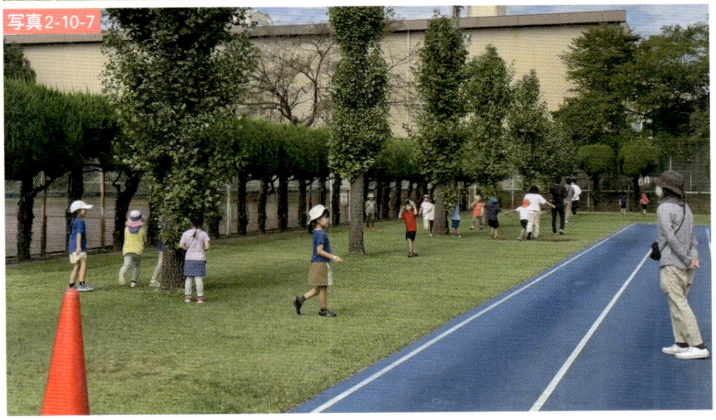

(写真2-10-6) 参加希望者をその場で募るプログラム「〇〇なかあて」
(写真2-10-7) 同時並行して行う、会場を広く使うプログラム

3 多様な参加が可能なプログラムを考えました

「生活の流れ」をとらえ直す

状況は複雑でした。罹患中、濃厚接触者、自主休園しているなど、子どもが登園することが当たり前ではなかったのです。練習が必要なプログラム内容では、最初から参加しにくくなります。普段遊んできたことや、即興的な内容のプログラムをベースに検討していきました。この時に、「清心ピック」の日に初めて遊ぶ活動やゲームもプログラムになると気がつきました。「生活の流れ」の中にある園の行事は、普段の子どもの興味関心や育ちからつながるだけでなく、「行事がスタートになる」流れもあったのです。新鮮な感覚でした。

各プログラムの参加については、保護者の判断が必要なので、子どもたちは保護者と一緒に過ごすことになりました。子どもごとに体験が異なることが予想されたので、思わず参加したくなるプログラム内容にしようと工夫を凝らしました(写真2-10-5～2-10-7)。

4 再開する不安とワクワク

穏やかな気持ちになった私たち

再開初年度、園の保育者たちからは、「幸の会と情報共有しながらできた」とホッとした様子がありました。プログラム内容の楽しさ、子どもと保護者で参加するスタイルも「ほんわか」してよかったとのことでした。実施できたことによる達成感、前向きさが伺えました。また、「清心ピック」で体験した「ソリを使った遊びを楽しんでいて、行事で終わりでなく、行事から遊びが始まる姿が見られていま

(写真2-10-8) 誰でもどうぞ。清心をクイズにして楽しんだ「な〜るほど・ザ・せいしん」

す」という声がどの学年からも聞かれ、「行事がスタートになる」ことを実感しました。

その後の「清心ピック」は、「行事がスタートになる生活の流れ」も大切になっていきました。この時期は「清心ピック」に向かっていく準備も楽しいのですが、普段の遊びや探究活動の時間もたっぷりほしいので、時間配分が難しいです。

「行事に向かっていく」気持ちと「行事がスタートになる」気持ちの割合によっては、それまで継続してきた遊びや活動の流れが切れてしまう可能性が生じます。もし、「行事がスタートになる」気持ちの比重が増えれば、少しリラックスして時間配分できます。現在は3対7くらいで「行事がスタートになる」気持ちの割合が多いのではないでしょうか。その満足感もあって新たなスタイルの「清心ピック」が支持されているのだと感じます。私たち保育者にとって、より穏やかな気持ちで過ごせることも保育の充実に欠かせないと思います(写真2-10-8)。

保護者の時も再び動き始めた

保護者の役員の感想の多くは、実施できたことの感謝でした。「プログラム内容が面白くて久しぶりに楽しい園生活が味わえた」という感想もいただきました。「即興でダンスがあんなふうにできあがっていくことにびっくりした」「普段の保育で子どもたちが体験していると聞いていたのでそれが体験できてよかった」など、園の「生活の流れ」に保護者も参加できた充足感を述べられていました。2022(令和4)年度には次の感想がありました。

> 「うちの子はプログラムの合間に少し休んでいて、親としては参加しやすくてよかった。(略)プログラムが並行してあったので、小学生の上の子も飽きずに過ごせた。」(年少母)
>
> 「今年、年少で初めての参加。運動会とは全く別のもので。(略)普段の遊びの流れの内容に

なっていて、その内容に衝撃、革命でした。（略）指定席というのも隣の人と距離がとれていいと思いました。」（年少母）

「こういう子どもの育ちもあるんだと気づかされる（略）任意に参加できるプログラムが多いので、（略）飽きなくてそれもよかった。」（年長母）

「自分自身が楽しんじゃったという印象。ただ見てビデオ撮ってじゃなく参加できる、その空気を子どもが感じてついてきちゃうプログラムの内容がよかった。（略）先生やおうちの方の表情が発見できて大事な日になると思った。事前に盛り上げて訓練するのじゃなくてできるのもいいと思った。」（年中父）

コロナ禍以前よりもプログラムの参加スタイルが多様になったことで、楽しみ方の幅が広がったように思います（写真2-10-9）。そして、保護者も園の「生活の流れ」の中にいる実感がもてたことで、止まっていた時が再び動き始めたようでした。

（写真2-10-9）スタッフになったボランティア小学生たちも活躍

5 時の流れを切らないで考えていく

「生活の流れ」で過ごす行事であるために

園行事は、普段の保育を彩るよさがあると思います。地域や異年齢児と交流、食文化や伝統文化を味わう、保護者が教育及び保育や子育てに関心を持つなどの意義もあります。清心幼稚園では「生活の自然な流れの中で生活に変化や潤いを与え、園児が主体的に楽しく活動できるようにすること。（略）教育及び保育における 価値を十分検討し、適切なものを精選し、園児の負担にならないようにする」[1]とあるように、行事を位置づけてきました。

今回、コロナ禍という未曾有の事態を多くの人が同時に経験しましたが、こうした状況が今後も起こらないとは限りません。社会や価値観がさらに多様化していく中で、誰もが納得する保育や行事にしていくことはより困難です。また、園行事は、伝統や文化といった側面もあるため、変更が難しいといった事情もあると思います。しかし、本事例のように、行事の日からスタートする、参加のあり方を柔軟にするなど、考え方の枠を少し変えたところ、保育の計画やその日までの過ごし方に変化が起こっていきました。

今回は、保護者の方の協力や参加も得ながら行事のあり方を考え、変容させていきましたが、そうした対話を日頃から重ねる大切さも改めて感じました。その際、子どもの育ちや、育ちに沿った園生活と園行事のつながりをベースに、保護者も保育者もその日を楽しめるように考えていったことがよかったと思います。これからも子どもの経験を保障しながら、「生活の流れ」で過ごす行事を創造していきたいです。

1）内閣府・文部科学省・厚生労働省(2018)幼保連携型認定こども園教育・保育要領解説

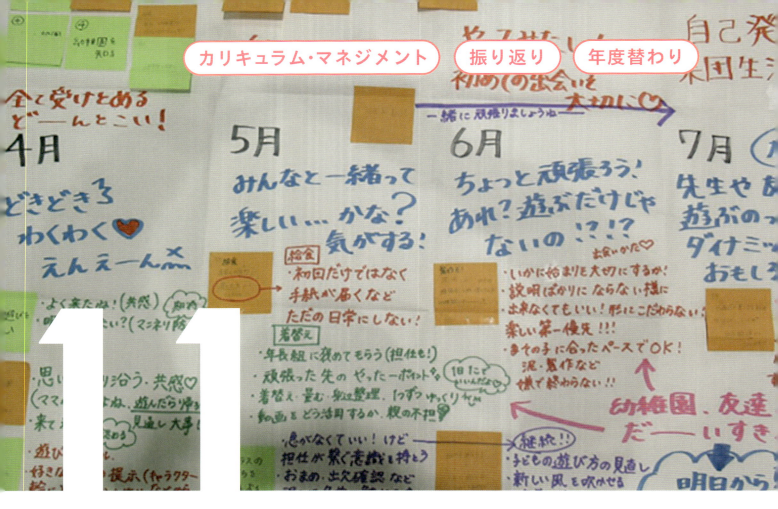

11

年度替わりを急な環境の変化ととらえ、慌しく準備したり、過ごしたりしていませんか？
従来、年度替わりは日付の区切りとともに
環境をスパッと切り替えるイメージが強かったかもしれません。
しかし、そのような形での急激な変化は保育者、子ども、保護者に負担を強いていました。
本事例では、年度替わりの時期を「区切り」の枠ではなく、
「移行」の枠でとらえる重要性について、保育者、子ども、保護者の視点から考えてみます。
年度替わりを「移行」としてとらえることで、新しいスタートラインではなく、
これまでとこれからを無理なくつなぐ一つの節目として考えられるのではないでしょうか？

武庫愛の園幼稚園（兵庫県尼崎市）

年度替わりの時間的環境を見直そう
——「区切り」から「移行」へ

1 保育者にとっての年度替わり：カリキュラム・マネジメントは楽しく、少しずつ！

振り返りの課題

「カリキュラム・マネジメント」とは、保育施設が保育内容を計画し、実行し、評価・改善することで保育の質を高める取り組みです。年度替わりの時期には、各園で教育課程の振り返りが行われていることでしょう。

武庫愛の園幼稚園のカリキュラム・マネジメントでは「保育内容が子どもの育ちと合っていたか」「経験を深める期間が適切に確保されていたか」を中心に教育課程を振り返り、次年度の計画を立てます。以前は1日で1年間を振り返っていましたが、限界がありました。各月の保育内容が詳細に検討できず、1年間を印象的に振り返っていました。そのため、行事の見直しに留まり、前年度の計画を大きく変えられず、踏襲するカタチになっていました。

また当時は、保育者個人の振り返りに重点が置かれ、「子どもとどうかかわるか」に時間を割いてました。この振り返りでは、若手保育者は次の保育の手立てに気づけるものの、園全体の保育を見直すには至りませんでした。

「個人の反省」から「全体の保育を知る機会」へ

この課題を岡健先生（大妻女子大学）に相談したところ、「個人の振り返りに閉じていてはもったいないですよ。一人の学びで閉じず、全体で共有しましょう」と提案され、「保育のキモ」で振り返ることになりました。

「保育のキモ」の振り返りでは「この時期に見られた望ましい子どもの姿」「そのために保育者が大切にするべき態度・意欲、子どもへの配慮（保育のキモ）」「見直す必要がある取り組みとそのあり方（カリキュラム・マネジメント）」を学年全員で振り返り、学期末に保育者全体でワールドカフェ形式にて共有します（写真2-11-1）。この形式にしてからは、保育者は振り返りが「個人の反省」から「全体の保育を知る機会」になったといいます。

また全体で「保育のキモ」を共有したことで、育

（写真2-11-1）子どもへの配慮（保育のキモ）を学年全員で振り返る

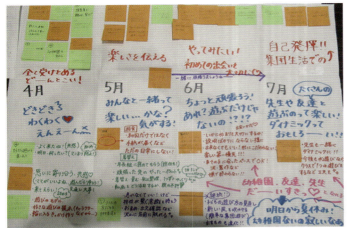
（写真2-11-2）話し合われた内容は可視化・共有される

ちの連続性も可視化されました(**写真2-11-2**)。他にも、振り返りを聞き合うだけでなく「どの学年の保育が面白かったか？」を投票して楽しめる「しかけ」も取り入れました。結果として、振り返りは各学年の保育に対して楽しみながら興味・関心がもてるものになりました。

「保育のキモ」を通じた振り返りとカリキュラム・マネジメントの工夫

1年間を振り返ると、「保育のキモ」の取り組みにより、各月で「この時期に見られた望ましい子どもの姿」「そのために保育者が大切にすべき態度・意欲、子どもへの配慮（保育のキモ）」「見直す必要がある取り組みとその在り方（カリキュラム・マネジメント）」を整理・蓄積することができました(**写真2-11-3**)。この蓄積により、次年度のカリキュラム・マネジメントは子どもの姿を十分に吟味したものになりました。

また、この取り組みには別の効果もありました。これまで振り返りは実施していたものの、カリキュラム・マネジメントと十分に結びついておらず、年度末に時間をかけて情報を整理する必要がありました。しかし、「保育のキモ」によって振り返りとカリキュラム・マネジメントが一体化し、必要な情報が毎月の振り返りで蓄積されるため、年度末の作業時間が大幅に削減されました。

さらに、近年カリキュラム・マネジメントの実施を前倒ししています。従来は新しい主任が決まってからカリキュラム・マネジメントを始めていましたが、経験が少ない主任では1年間の子どもの姿と保育の見通しを立てるのが難しい場合がありました。そのため、1年間保育を実践・観察してきた主任が次年度のカリキュラム・マネジメントに携わることで、子どもの姿をより適切に反映できることを狙っています。

これらの取り組みを通じて、少しずつではありますが、振り返りとカリキュラム・マネジメントの結びつきを深めることができています。まだ改善の余地はありますが、振り返りの質やカリキュラム・マネジメントの効率化に向けた新たなステップを踏み出せたと感じています。

カリキュラム・マネジメントは計画・実行・振り返り・改善を繰り返す中で少しずつ進化していくものです。本園でも「保育のキモ」の取り組みを通じて、保育者が学び合い、よりよい保育を目指す仕組みを試行錯誤しながら整えている段階です。今後も、無理なく続けられる方法で、保育の質を高める努力を続けていきたいと思います。

2 子どもにとっての年度替わり：急な変化ではなく、少しずつ慣れていく

年度替わりの子どもの負担を減らす

年度替わりは、保育の準備に目が行きがちです。しかし、この時期の子どもはクラスが変わることで葛藤します。例えば、新年長児はどんなお友だちがいるかな？ 新しい先生は誰かな？ クラスはどこかな？ と、見通しが立っても少し心配になりま

学年（　　年長　　）　　　6月	2023年度

取り組み・生活・行事etc

インディアン作サ・泥遊び・父プレ・検診関係・絵の具・田植え・水遊び・キャンプファイヤーごっこ（誕生日会）・年長同士で縁日の見せ合いっこ・サーキット（運動会に向けて）・縁日作り・お家調べ（お父さん）・避難訓練・研究保育（話し合い）・わらべ
立西まつり・お泊りの取り組み（サンディ）・観察報告会・お泊り保育・ネッカチーフ製作

やっぱり良かった事・新しく取り入れて良かった事	「これはどうかな？」「しんどかったな。」と感じた事
・研究保育は困っている事など共有出来て良かった。（他クラスを見に行くきっかけになった。保育者も保育を共有できる） ・立西まつり（いろいろなことに気づくきっかけとなった） ・サンディとの出会い（しずくがあることで意欲に繋がった）	・縁日や活動のスケジュールがわかりにくくて、経験しないと見通しが立たない。（縁日・インディアンハット製作など…） ・クラスの中でぶつかり合いが出てきた。必要だが、保育の組み立てが難しくなった面もあった。（相談はするけど言葉では当てはまらないところもあるので、研究保育で見た方が学びになった。クラスによって子どもの姿に差があるので、話し合いではイメージがわかず難しい。経験者が自分のクラスで見せてくれた経験は勉強になった） ・縁日にどこまで重きをおくのか

この時期に見られた望ましい子どもの姿（多くて3つまで）

・クラスで縁日の課題を乗り越えたときの達成感や団結力や認め合いが生まれた。（みんなが共通の目標に向かい取り組んだからこそ出る姿）
・年長になったからこそできるワクワクする経験がいっぱい↑（年長に不安を感じていた子が楽しめるようになっていった。）
・幼稚園に泊まれた自信・みんなが居たから
・先生への声掛けが友達に向けてできたら・・・

> ここは上記を基に新学年の先生達が各月初めに考えてください！！

> ここまでを新旧学年の先生達でやってください！！

そのために保育者が大切にするべき態度・意識、子どもへの配慮（キモ）

・友だちに気持ちが向き始めるからこそ　友達との関わりを大切にしていきたい
・お泊りに向けて不安を解消できるような　期待の持てる活動・話（サンディ）
・子ども達への話し合いの課題の持たせ方・具体的なイメージの持たせ方（保育者が一緒にすることで子どもへの具体的なイメージ）
・話し合いだけではなく、図で示す・体を動かす・絵を描くなどしてクラス全体で動くというイメージをもてるようにする
・年長ならではの体験を理由づけて話すことで自信を持って取り組めるようにする（「なんで　年長さんがするんだろうねぇ？」）
・畑の観察報告をクラスで共有することで　クラス全体での意識を持てるように

見直す必要がある取り組みとその在り方（カリキュラムマネジメント）

・保育者主催の縁日を経験してみたら　もっとイメージが沸くのでは？
・この時期やることが多いので　縁日遊びにどこまで重さを置いたり　どこまで保育者が入っていくのかは学年で話し合っておければよかった
・素材の使い方・話し合いの仕方を学年を越えて考えてもいいのでは？

（写真2-11-3）カリキュラム・マネジメントのもととなる「保育のキモ」

す。一方で、新年中児はクラス替えが初めての子どもが多いので、まったく見通しをもっていません。そのため、進級すると「知らない場所で大好きな先生も友だちもいなくなった…どうしよう」と不安になる子どもがいます。

進級に伴うこのような経験は、子どもが新たな人間関係を築いていくうえで重要です。しかし、本園は幼稚園型認定こども園であり、午前クラス（コアタイム）と午後のクラス（預かり保育）に分かれているので、複数の所属がある子どもには多くの負担がかかります。なぜなら、2つのクラス替えが同時に起こるからです。実際のところ、例年、午後の

クラスでは少しでも安心できるように仲の良かった友だちを探しに、隣のクラスを覗きに来る子どもがいます。

午後のクラス（預かり保育）の保育者は、どうしたら子どもの負担が減るか考えました。午後のクラス（預かり保育）は昨年度と同じクラスのままにする？　でも人間関係は広がってほしい…。そもそもクラス制度自体をなくす？　そうすると子どもの把握が難しい…。さまざまな案が出ては立ち消えました。

預かり保育の新クラスを3月から前倒しした効果

いろいろと考えた末、午後のクラス（預かり保育）では新クラスを3月から始めることにしました。その理由は2つあります。1つは3月まで顔なじみの保育者がいて安心できるからです。2つは、新クラスを1か月前倒しすることで、子どもが時間をかけて慣れることができるからです。

実際に午後のクラス（預かり保育）では3月から新クラスにしたところ、最初は不安な子もいましたが、よく知っている保育者がいたことで安心していました。また、3月からいきなり新クラスとしてスタートするのではなく、2月中旬から新クラスのメンバーを集めてふれあい遊び等の交流する機会も作ってきました（写真2-11-4）。

4月になると、子どもたちは時間をかけて新クラスに慣れ、子ども同士も顔なじみになっていたので、保育者が変わっても不安になることなく過ごしていました。子どもたちは新しい午前クラス（コアタイム）でがんばってドキドキしても、午後のク

（写真2-11-4）2月のふれあい遊びでは、まだまだ緊張している様子

ラス（預かり保育）ではホッとできたのです。

　一般的には、新入園児を対象に慣れ保育は行われますが、本事例を見ると、進級児に対する配慮も必要かもしれません。年度替わりの区切りを機に保育体制を大きく変えることは、子どもに心理的負担をかける側面があります。しかし、すべてを同じタイミングで変えなくてもよいはずです。子どもが慣れていく時間的環境を用意することも大切ではないでしょうか。

3　保護者にとっての年度替わり：子どもの育ちの見通しを伝えることの大切さ

新年度の子どもの姿を見て不安になる保護者

　年度替わりは保護者も不安になります。なぜならば、保護者には進級した子どものイメージと現実の姿に乖離があるからです。

　特に不安を感じるのは、新年中児の保護者です。年少から入園してきた子どもにとって、初めての進級は非常にショッキングな経験です。進級によって新クラスとなり、これまでの大好きな保育者、仲のよい友だち、1年間慣れ親しんだ保育室と離れてしまうからです。

　大人であれば、新年度に伴う環境の変化として受け入れられます。しかし、新年中児の子どもにとっては「新学期だから」という理由では納得できません。つまり、初めて進級した新学期は、子どもに大きなストレスがかかります。そのため、環境の変化に耐えきれず登園を渋る子どもも出てきます。心配になった保護者が子どもに原因を聞いても、言語的発達の限界からよくわかりません。

　保護者の中には「今までご機嫌で登園していたのに、新学期になった途端どうしたんだろう？　もしかしたら新しい先生に原因があるのかも…」と不安になる人も出てきます。保育者は毎年みられる子どもの姿を理解していても、保護者は違います。もしかしたら「進級＝成長」と無意識にとらえられているのかもしれません。保護者の中にはすぐに相談される方もいれば、限界まで我慢してから訴えて来られる方もいます。後者の場合、園がどれだけ丁寧に理由を説明しても、保護者に言い訳と思われては信頼関係が築けません。実際、このようなことが毎年起きており、悩みの種でした。そこで近年は年度始めに保護者に1年間の「子どもの育ちの見通し」を伝えるようにしました。

年度始めに子どもの育ちの見通しを共有する

　例えば、新年中児の友だちとのトラブルが5月から6月に見られます。年少児の頃はモノの取り合いが中心でしたが、年中になると友だちとの関係性が変化し、新しいクラス環境における「友だち関係のすれ違い」がトラブルとして見られるようになります。具体例を挙げると、ある日A君が年少から一緒だったB君と遊んでいたところ、新しいクラスメイトのC君が「一緒に遊ぼう」と誘いに来ました。この時、A君は「前のクラスの友だちと遊びたい」

という気持ちから「嫌！」とC君に言ってしまいました。C君はこのことを家で伝えたところ、お母さんは「いじめに違いない」「うちの子は仲間はずれにされた」と言葉だけで判断されてしまいました。例年こういったことはあります。

　トラブルの背景を子どもの話をもとに整理してみると、「今日は前のクラスのB君と遊びたい」という意図が隠れていたことがわかりました。子どもは語彙力が未熟なため、「嫌」としか伝えられなかっただけなのです。こういった事例を基に保護者には前後関係や文脈を切り取って子どもの話を理解するのではなく、冷静に別の視点を示すことが重要だと伝えます。例えば「〇〇君がそう思ったのはわかるよ。でも、相手のお友だちはどう感じたのかな？」と別の視点を与える問いかけを保護者がすることで、子どもには自分で気持ちを切り替えられる力が育まれると伝えます。このように、例年見られる子どもの姿やその背景、いつ頃落ち着いてくるか、保護者がどうかかわるか等の「子どもの育ちの見通し[1]」を伝えることで保護者は安心されます。

　実際、「子どもの育ちの見通し」を伝えるようになると、保護者からの園への相談は減りました。もちろん個別の相談はあるものの、その数は減ってきました。保護者に聞くと「事前に1年間の『子どもの育ちの見通し』が解説されたので、嫌がる子どもの姿を見ても、先生の言っていたやつだ！　と思えました（笑）」とのことでした。「うちの子どもだけじゃない、この年齢の当たり前の姿なんだ」と保護者が安心できるとよいですね。

4 年度替わりを「移行」の視点で考えよう

　保育者・子ども・保護者という3つの視点から、年度替わりに伴うさまざまな課題や不安を見てきました。カリキュラム・マネジメントが1日の振り返りで行われることで十分な見直しができなかったり、子どもが急なクラス替えで戸惑いを感じたり、保護者が子どもの一時的な不安定さを理解しづらかった背景には、年度替わりを急な一新である「区切り」としてとらえていたからだと思います。

　このような問題を考えると、年度替わりを「移行」のプロセスとしてとらえることが大切といえます。必要な変化を時間的にゆるやかに進め、事前の準備や情報共有、段階的な慣れの機会を設けることで、子どもは新しい生活に少しずつ馴染み、保護者は子どもの変化を落ち着いて受け止めやすくなります。また、保育者は印象ではなく具体的な振り返りからカリキュラムを見直せます。つまり、「移行」の視点で年度替わりをとらえ直すことで、4月以降の生活はこれまでの積み重ねを活かした自然な延長線上に位置づけられるのです。

　年度替わりは、新しいスタートラインではなく、これまでとこれからを無理なくつなぐ一つの節目として考えることができるのです。

1) 掛札逸美先生（保育の安全研究・教育センター）の研修で学んだ方法。

`遊びの継続` `作品の展示`

12

園では遊びが多様に展開します。数日にわたって続くこともあれば、
一時的に置いておいたり、片づけたりすることもあります。
子どもがその遊びを「とっておきたい」と伝えてくることもあります。
保育者も子どもたちの遊びや活動をさらに深めたいと願う時、
その状況を継続させたいと考えます。
しかし、これまでの保育環境では、遊びを片づけることや、
時間で区切って遊びを終えることが当たり前になっているケースもあります。
制作活動や遊びのプロセスの中で味わう経験よりも、
作品にすること自体が目的になっている場合もあります。
そこで本事例では、素材や遊びの状況、プロセスを保育空間にディスプレイしながら、
時間をかけて遊びが豊かになっていった事例を紹介します。

清心幼稚園（群馬県前橋市）

素材遊びもとっておこう！
「ディスプレイ」で続きを楽しむ

（写真2-12-1）ボックスと棚に木の皮をしまう　　　　　（写真2-12-2）ベニヤ板を敷いて場を作る

1 素材と場をディスプレイする

5歳児（9月）の遊びの継続

　子どもたちと公園に遊びに行った時、数人の子どもがケヤキ等の木の皮が地面に落ちているのを見つけました。それらを拾い始めると、かなりの量が集まりました。何となく並べると、「パズルみたい」とつなげて遊ぶ遊びになりました。

　園に帰る時間になり、園でもこの続きを楽しみたいと思った保育者は、子どもたちと一緒に木の皮を持ち帰ることにしました。保育者が木の皮を園のどこに置くか検討したところ、ちょうど5歳児の保育室前の廊下が空いていることに気がつきました。この場所であれば、興味・関心の有無にかかわらず、子どもたちの目に入ります。

　早速、木の皮をしまっておくためのボックスと棚を準備しました（写真2-12-1）。さらに、廊下の床にサブロク板（914mm x 1829mm）のベニヤ板を持ってきて敷きました。この板を敷くと、床の養生になり、板上に素材等を出して遊びやすく、機能的です。また、板の区切りが、見た目でも他の遊びや空間との境になっていきます。この時は、ベニヤ板1枚分ほどの広さでしたので、少人数でじっくりとかかわって取り組める場になりました（写真2-12-2）。

2 遊びのプロセスを
ディスプレイする

5歳児（10月）の遊びが作品になる

　子どもがボックスから木の皮を取り出して遊んでいると、並べたその形でとっておきたいという思

いが湧いてきました。そこで、木工用ボンドでとめていくことにしました。

　しばらくすると、木の皮を立てて起立した状態にしたり、タワーのように重ねて遊んだりし始めました。安定感がなかったので、ダンボール箱を台座にして、木の皮を直接箱に刺してみました。さらに取ってきた木の枝等も使うと、いろいろな形の表現になっていきました（写真2-12-3）。これらは次第に彫刻作品のようになり、制作中の状態をとっておく場所や、ボンドを乾かす場所を作って保管できるようにしました。そうすることで、いつでもこの場を離れたり再開できたりするようになりました。

　一方、少しずつ変化していく形や、楽しそうに作っている子どもたちの姿を見た他の子どもたちが、次第に興味をもち始めて参加してきました。そして、この場所が空いている時に、入れ替わって遊ぶようになったのです。この頃には「こういう形にしたい」という思いで、イメージに合った木の皮を選んでつなげるようもなりました。こうした制作中の彫刻を作業用のライトで照らすと、背景に映る影の形もユニークで、この遊びの魅力を高めるディスプレイにもなっていきました。

（写真2-12-4）飾る場所も子どもと相談して決めていく

くつか持ってきました。そして、飾りたいという子どもが、どの作品台を使ってどのように置くのか、飾り方を一緒に考えることになりました。どちら側に向けるのか、高さや角度、ダンボールの箱付きにするのかなど、飾りながら決めていきました。また、園のどの場所に配置するのかも相談し、ちょうど壁に飾ってあった作品の前に設置することになりました（写真2-12-4）。

3　体験型ディスプレイの空間に

新たな遊びと出会い、続いていくことを期待して

　遊びの状況をディスプレイしながら保存し、継続して遊ぶことで、子どもたちの遊び方も変わっていきました。作品のように飾った子どももいれば、遊びを楽しむことに終始した子どももいます。身近な素材やそれらを使って制作する子どもたちのこうした場は、まるで小さなアトリエや工房のようでした。ディスプレイした素材や状況に触れて遊べる

（写真2-12-3）遊びが続くことで作品に

5歳児（12月）、作品を飾る

　しばらくして「作品を飾りたい」という子どもの声が上がったので、保育者は、倉庫から作品台をい

(写真2-12-5) 保育室が実験室に早変わり

(写真2-12-6) 遊びのディスプレイがさらなる興味・関心や遊びを生み出す

(写真2-12-7) 他の子どもにも遊びが広がる

点では、体験型の美術館や博物館にも似ています。このような体験型ディスプレイを5歳児の保育室の中に作った例をもう一つ紹介します。

この時は、何人かの5歳児が土を探求していました。園内外で採取したいろいろな色の土を並べたり、それらの土でクレヨンを作ったりして、土の色の面白さに気がついていきました。保育者も多様な土の色に魅力を感じて、遊びにかかわっていない子どもにも伝えたいと思いました。

そこで、保育室にいろいろな土をディスプレイして、土とのかかわりが生まれることを期待しました。初めに、天井のアンカーから紐でホワイトシートを吊るして、実験室のような空間にしました(写真2-12-5)。周囲が白いことで、より色の面白さに気がつけると思いました。テーブルの上に、子どもたちが実際に作ったクレヨンや、採取してきた土を入れた入れ物、絵本の資料などをコピーしてディスプレイすると(写真2-12-6)、この空間に興味をもった子どもがやってきて、クレヨンを手に取って実際に描き始めました(写真2-12-7)。そして、自分の好きな色でクレヨンを作ってみたいという気持ちが生まれたのか、土探しに出かけていきました。

何かをディスプレイするということ自体は、多くの保育者が日頃から行っていると思います。例えば、壁面に何を掲示するかという壁面構成もその一つです。子どもたちに見える場所、園舎や保育室の空間に何をどうディスプレイするかと考えることで、アトリエや工房にも近い機能が保育空間に生まれます。作業途中に保存できて、それらが見えるように配置するイメージなので、特に大きなスペースは必要ありません。少しばかりの空間を周囲の環境になじませるのか、少し区切って別の空間のように見せるのか、加減は園の環境や保育者の感覚次第で試してみると面白いと思います。

子どもの身近な園の一角に、遊びながらディスプレイする空間を作ってみてください。きっと室内空間の使い方、時間の区切り方の枠が変わってくるに違いありません。

第2章 まとめ

近年、子どもが園で過ごす時間は急速に拡大しており、標準教育時間を4時間と定める幼稚園の場合でも、全体の91.0%が預かり保育を実施していることが明らかにされています（文部科学省初等中等教育局幼児教育課，2024）*。同調査では、17.5%が土曜預かりを実施していることも指摘されています。こうした時間的な拡がりにより、午前と午後、平日と土曜の保育はどうあるべきかといった課題が顕在化しました。また、2019年末に発生したコロナ禍によって、これまで保育の節目とされてきた行事、学期・年度のあり方は大きく揺らぎました。本章で紹介した内容は、そうした時間的な「枠」の見直しに挑んだ成果です。前章に続き、各取り組みのポイントを簡潔に整理します。

*文部科学省初等中等教育局幼児教育課（2024）令和5年度 幼児教育実態調査

みえてきた「ワクワク」と実践のためのヒント

● おやつの醍醐味を呼び覚ます（7）

補食としてルーティン化していたおやつの時間を見直し、子どもにとって楽しい時間を作り出そうとした取り組みでした。印象的だったのは、子ども以上に、保育者たちが子どもの頃の楽しかったおやつ体験の再現に熱中している点です。時代の流れとともに、駄菓子屋、紙芝居などのおやつに関する文化は子どもから遠ざかりつつあります。

ノスタルジーの押し付けになってはいけませんが、おやつの楽しさを大人が率先して実践してみせることには、暮らしのなかにあった喜びを継承していくという尊い意味が見出せます。

● 時間の魅力を子どもの姿から探ってみよう（8,9）

預かり保育時間と土曜保育に関する二つの事例には、その時間だからできること、その時間だから必要になる配慮を子どもの姿から探っていったという共通点があります。空間の章で紹介した通園バスに関する事例（4）とも重なりが見出せます。これまで蓄積されてきた保育の実践や理論の多くは午前の保育を前提としたものであり、子どもを長時間預かることへの保育者の負担感や抵抗感も少なくないようです（渡邊，2024※）。そうであればこそ、子どもも保育者もこの時間を有意義に過ごすための探求が必要になります。

この取り組みのように、預かりや土曜の時間が「自由に過ごせる時間」となれば、子どもと保育者のウェルビーイングの向上にとって大きな意義を持つと考えられます。

※渡邊真帆（2024）降園時間帯の保育はどのように捉えられてきたか―システマティックレビューによる分析―．保育学研究62（3），93-103.

● 行事までの流れ、行事からの流れを見つめなおす（10）

運動会や発表会、お泊り保育といった行事を行う際は、計画や準備に子どもが参画し、主体性を十分に発揮できるよう工夫することが重要です。実際、行事をこれまでの生活の

集大成として位置づけた取り組みは多く見られます（大豆生田, 2021）*。しかし、このたびのコロナ禍は、子どもたちは毎日登園し、生活を積み上げるという保育の前提を揺るがしました。そうしたなかで生じた、普段の生活の流れのまま緩やかに行事を体験し、そこで味わった楽しさが新たな遊びの出発点になるという発想には、従来の保育の節目を見つめなおす斬新さがあるといえます。

　既存の行事をいきなり変えることは困難ですが、行事はゴールにもスタートにもなるということを意識すれば、前後の生活をより柔軟に考えることができるでしょう。

*大豆生田啓友（2021）『園行事を「子ども主体」に変える！11か園のリアルな実践記録』チャイルド本社.

●年度の「区切り」を「移行」として考えてみよう（11）

　年度によって子どもの生活を区切ることの問題は少なくありません。性急な環境の変化は、子どもにとっても、保育者・保護者にとっても負担が伴います。また、深めてきた遊びや関係性がただリセットされてしまうのはとても残念に思えます。「区切り」ではなく「移行」として考える本事例の発想は、保育全体に時間的なゆとりをもたらし、子どもたちの育ちを切れ目なく紡いでいくための示唆に富んでいます。

　移行とは日々「うつりゆく」ことです。目の前の保育に全力で向き合う最中、先のことを見据えるのは大変もしれませんが、預かり保育だけでもクラス編成のあり方を変えてみる、次年度クラスを引き継ぐ保育者と意識的に対話するなど、できることから進めてみましょう。

●保存した遊びのプロセスをディスプレイしてみよう（12）

　遊びを片づけずにとっておくことで、昨日の続きを楽しむことができます。さらに、この事例では、プロセスを保存するだけでなく美しく展示することで、子どもたちのまた遊びたいという思い、自分もやってみたいという思いを喚起しています。ただ残すだけでは、子どもの遊びに対する熱が冷めてしまうこともあるでしょう。楽しかった時間を、そのとき以上に残すディスプレイは、遊びの継続的な発展を促すためのアイデアの一つです。

第 3 章

人から環境の構成を考える

人間の発達において、人的環境はとりわけ大きな役割を担っています。
本章では、多様な人材の可能性、園と外部人材等との
関係性のあり方について探っていきます。
子どもを魅せる保育者たちをとりあげた事例（13）、栄
養士などの保育者以外の職員の魅力に迫った事例（14）、こ
れからの時代の保護者との連携を考えた事例（15）、
アーティストや地域との関係性を提案する事例（16、17）の
5つをのぞいてみましょう。

13

保育者　見せる保育

子どもが「やってみたい」という思いをもって活動に取り組む姿勢を促すには、
保育者自身が活動を楽しみ、集中して取り組む姿を見せて
子どもをひきつけることが保育者の役割といいます。
清心幼稚園では、コロナ禍にこうした
「保育者の姿を見せる保育」環境について考えました。
直接触れ合う経験が難しくなったこと、
同時に子どものスクリーンタイムが増えた時期だったことが、
子どもが直接見る経験のあり方を考えるきっかけになりました。
本事例では、保育者の姿を見せる保育環境の中から、
何かを調理・加工する場面を取り上げて、
その姿を見る子どもの姿を紹介していきたいと思います。

清心幼稚園（群馬県前橋市）

保育者の姿を「見せる」ことで「魅せる」保育環境

1　保育者の何を見せる？

その場で味わうライブ感を重ねる

「保育者自身が活動を楽しみ、集中して取り組む姿を見せて子どもをひきつける」ことがよく起こるのは、子どもが普段取り組まない保育者の作業場面です。例えば、お餅つきで釜戸の火を薪で炊き大量のお湯を沸かしている姿、強めの火力を維持する様子にひきつけられて、ずっと見ている子どもがいます。そのうち自分でもやりたい、やれると思って保育者のところへ行き、一緒に薪を入れることもあります。

また、保育者が大きめの電動工具で木材を切ったり削ったりしていると、そこに子どもたちが集まってきます（写真3-13-1）。子どもから少し距離をとって作業していますが、作業が終わるまで見ている子どももいます。子どもたちはその場で起こっていることが気になるだけでなく、保育者に「○○さんってすごい！」という感覚をもったり、何度も遭遇して「○○さんはいつもやってるよね」という目で見たりするなど、そこでしか味わえないライブ感をそれぞれに体験して重ねていく保育環境が生まれます。

コロナ禍で増えた保育者の出番、思いも伝えたい

園では、食材を調理・加工する機会が頻繁にあります。園庭ではウメやアンズ、ミカン、カキなどの果実が収穫できるので、それらを発酵させたり干したり、加熱したりするのです。また、「ぬか漬けがしたい」「藁納豆を作りたい」のように、やりたいことがあって、それに沿った米や野菜、芋類を育てています。コロナ禍前は、子どもたちが収穫したものを子ども自身で調理・加工することもよくありましたが、感染症対策の観点から、子どもが直接触れないことも増え、その分、保育者がかかわることが多くなりました。

2020年度の5歳児担当の保育者、関根さん（当時21年目の保育経験）が、「おばあちゃんが五目巻を作ってくれた姿をよく覚えているんです。今も思い出しながら自分でも作ったりするんです」と話していました。この年は園行事がほぼ休止になっており、節分に何かできないか考えていたときのことでした。

そこで、関根さんのおばあちゃんが作る思い出の

（写真3-13-1）木材を磨く石原さん

五目巻を作って、子どもたちに振る舞ってみてはどうか、となりました。材料を調達して前日から丁寧に炊き上げていきました。子どもたちは、それらが変化して五目巻になっていく様子、作る関根さんの姿を感じながら味わいました（写真3-13-2、3-13-3）。関根さんの五目巻にまつわる想いが子どもたちにリレーされていったようで、嬉しく思った出来事でした。

（写真3-13-2）材料をそれぞれ炊きました
（写真3-13-3）子どもとのやりとりを楽しむ関根さん

「保育者が見せる保育」は、保育者が一生懸命になる姿、夢中になる姿をただ見せればよいのではなく、保育者にある思いや背景があることで、私たち自身のパフォーマンスも変わってきて、子どもの見え方、とらえ方も変わってくるように感じました。

2 「糀づくり」を見せるとしたら？

糀の気持ちになって作業スペースを考えた

畑から田んぼを作り、米づくりを経験した4歳児の担当保育者の長倉さん（当時2年目）から、収穫したお米で「糀づくり」をやってみたいという相談がありました。長倉さん自身がもともと「糀」に関心をもっていて、いつかやってみたいと思って調べていたというのです。子どもも糀を使った料理を食べる機会はあっても、きっとつくったことがないと思うので、実験的にやってみてはどうかと考えたようでした。

夏頃に子どもたちに糀の話をして、糀づくりを提案すると、何人かの子どもたちが興味を示しました。調べていくと、糀づくりは乾燥した時期がよいということがわかりました。そこで、冬になってからつくることにしました。その間に必要な道具を作って準備したり、どこで作業するか検討したりしました。糀菌は他の菌の影響を受けやすいので、作業中の糀菌の近くには長倉さんだけがいることにしました。そして、子どもたちが見やすく、糀が引き立つ見せ方がないか考えました。糀の色が白色に近いので、白の使い方に気をつかいました。子どもと糀との距離、目の高さや視線の向き、モノの置き方、背景についても考えました。

保育者の姿をよく見ていた子どもたち

この学年のもう一人の保育者、町田さん（当時13年目）は、長倉さんの「糀づくり」をサポートしつつ見守っていました。二人は日頃から積極的に情報交換していました。アイデアを持ち寄って、子どもの興味・関心と重ねながら保育の計画や環境設定に

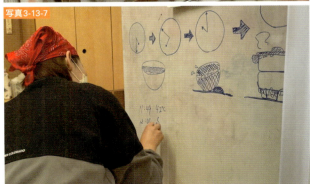

（写真3-13-4）長倉さんの姿を見ている子どもたち
（写真3-13-5）保育室から廊下側を向いて作業する長倉さん
（写真3-13-6）一定の温度を保つ自作の入れ物の中で発酵が進みます
（写真3-13-7）糀の温度を測って記録

ついて話し合うことも習慣化しています。このときも、相談し合って場所を決めたようでした。

年が明けて、子どもたちに糀づくりの予定を伝えました。絵で描いたつくり方の手順を保育室に貼っていたので、具体的なイメージも湧いていたようです。当日、長倉さんは保育室の中から廊下側を向いて作業する姿を見せました。その様子を見たい子どもたちは、ガラス戸を隔てた廊下側から中の様子を見守りました。作業が始まると、学年関係なく見にきていて、じっくりとずっと見ている子どもや、離れてまた戻ってきて見るという子どももいました（写真3-13-4、3-13-5）。

長倉さんがお米の変化をとらえようと、その表面を慎重に見つめたり、温度を測って時間ごとに記録していたりする姿は、実験する研究者のようでした（写真3-14-6、3-14-7）。香りが漂うことや音が鳴るということもなく、糀自体の目に見える変化はほとんどありません。糀と対峙して丁寧に作業する長倉さんの姿が印象的でした。

3　保育者がやっていることへの興味が深まっていく

これはなんだろう？　とともに楽しむ

2023年度に4歳児担当だった保育者の澤田さん（当時12年目）は、自宅でこんにゃく芋からこんにゃくを作っています。「お店で売っているこんにゃくと、自宅で作るこんにゃくは食感も味も全く違う」と話していて、園でもこんにゃく芋を育ててこんにゃくを作ってみることにしたのです。収穫したこんにゃく芋はそれがこんにゃく芋であると、子どもたちには伝えませんでした。知らないほうがより興味を抱くと思ったからです。

見た目の存在感からか、子どもが「ドーン」と名前をつけました。澤田さんが少し広くなっている廊

（写真3-13-8）「ドーン」はどうなるのか？
（写真3-13-9）できたてのこんにゃくを取り出す澤田さん

下の場所に調理スペースと、子どもたちが見る場所を作りました。「ドーン」を切ってお鍋で煮たり、ミキサーで細かくしたりして、子どもたちはそれが何になるのだろうとワクワクしながら見ていました。「うちでもこうやってるんだよ」と話す澤田さん。だんだんとこんにゃくらしくなっていく様子をともに楽しみました（写真3-13-8、3-13-9）。

（写真3-13-10）水キムチを仕込む飯島さん
（写真3-13-11）通称"お米のスープ"の量を測って瓶に移し入れる

同じにはならないことを楽しむ

翌年、5歳児になった子どもたちがよく見ていたのは「水キムチづくり」でした。最初の提案は担当保育者、飯島さん（当時20年目）と田中さん（当時3年目）からでした。水キムチは育てたい夏野菜も上手に使え、発酵を促す果物の加減で変化がいろいろと試せそうと

（写真3-13-12）保育室にある冷蔵庫の中。ガラス扉で中が見えるので子どもよく見ています

のことでした。ガラス瓶の中に入れればよりはっきりと発酵の様子がわかるだろうと準備しました。

野菜と果物、発酵を促すための米粉を水で溶いたスープを入れ、常温で1日置いておきます。その後、保育室に設置してある冷蔵庫で1週間ほど寝かせます（写真3-13-10、3-13-11、3-13-12）。

米粉は子どもたちがお米をすり潰して作ります。米粉はスープにしたときに加熱するので、ここまでは子どもたちもかかわることができます。そのほかの工程は保育者が行いました。

「今日はナシでもやってみようか」と、飯島さんが瓶の中に入れていきます。子どもたちも「どうなっていくんだろうね？」と顔を合わせながら作業が進みます。翌日、瓶の中の野菜たちからぷくぷくと空気が出てきます。「また、いっぱい出てきてるね」「ここ見て〜」と言う子どもたち。同じように作っても毎回様子が違うこともわかってきて、興味が尽きません（写真3-13-13）。

水キムチづくりを園で何度も試しているうちに、子どもが家に帰って園での様子を話し、それを聞いた保護者と、実際に家庭で作り始めた子どももいました。

（写真3-13-13）発酵の違いを見比べる子どもたち

4　保育者もじっくりと保育を開拓していく

何気ない普段の動きを大切にしたい

「保育者の姿を見せる保育」は、保育者自身の思いや願いがそこに映し出されていくのだと感じます。私たちが日頃から自分の興味・関心を広げたり深めたり、新たな世界をリサーチして体験したことを園でやってみるのも面白いと思います。

最近、未来の可能性として、園オリジナルのお茶づくりをしてみたいと、お茶の苗木を畑に植えました（写真3-13-14）。

飯島さんの実家では、お茶の生垣や手揉み茶づくりの話がよく出ていて、お茶づくりが園でも経験できないか相談があったのです。そこで、飯島さんと田中さんと一緒に狭山市のお茶園に行って、緑茶や日本紅茶づくりを体験してきました。私のお茶のイメージも大きく変わったのですが、お茶園の方が「こうするんです」と葉っぱを揉んで見せてくれた、その何気ない掌の動きの美しさに魅了されました。

私たちの姿が子どもにとってどのような経験になっていくのか、どこが興味・関心につながっていくのかはわかりませんが、お茶園の方のように、何気ないちょっとした動きが気になったり、惹かれたりすることもよくあります。そうした一つひとつを大事にしながら、私たち自身が生活する保育環境を改めて大切にして過ごしていきたいと感じます。

（写真3-13-14）畑に植えたお茶の苗。収穫まで数年かかるそう

調理員　用務員

14

どの保育者も、子どもの生活や経験を豊かにしたいと願っていることでしょう。
確かに、保育士は子どもの育ちを支える専門家であり、
子どもの発達および保育の知識や技術に精通したプロフェッショナルです。
しかし一方で、保育とは異なる視点を十分にもっているとはいいがたいでしょう。
園には、調理員、用務員といったさまざまな職種の専門家がいます。
彼らは自分たちの役割に専念し、
保育と交わらずに園全体を支える存在という枠でとらえられてきました。
保育の現場に異なる視点や専門性を取り入れることで、
子どもたちの生活がより豊かに、多様性に富んだものになる可能性があります。
本事例では調理員、用務員という異なる職種の視点や専門性を保育活動と交え、
チームとして連携することで、子どもたちにとって
豊かな経験と成長の機会が生まれた事例を紹介します。

武庫愛の園幼稚園（兵庫県尼崎市）

調理員、用務員が子どもにもたらす豊かな経験

1　調理員の活躍

雑談から始まる調理員のかかわり

　栄養士や調理員は、子どもたちが日常的に体験する「食」を通して、保育に新たな学びと発見の機会を提供できる存在です。彼（女）らが保育活動に積極的にかかわることで、子どもたちは食に関する理解や興味を深めることができます。

　調理員の提案は、保育者との雑談から始まります。例えば、保育者が「玉ねぎがおいしい季節になってきましたね…」と話すと、調理員は「このレシピがおいしかった。私の子どもにも手伝ってもらったら、すごく喜んで皮をむいて楽しんでいたんです、子どもってお手伝い大好きだから。あっ！ そういえば、玉ねぎがいっぱいあるから、よかったらむいてみます？」と言いました。「えっ、おもしろそう！ ぜひ、お願いします！」と保育者もその提案に乗りました。

　玉ねぎの皮むきを始めると「ツルツルしてむけないよ〜」と悪戦苦闘する子どもたち**(写真3-14-1)**。家のお手伝いで玉ねぎの皮をむいたことのある子どもが「この先を持って、少しずつむくんだよ」とみんなに教えていました。絵本や歌から、玉ねぎは皮しかないことを知っていても、実際に触れてみると、その感触は不思議だったようです。涙が出た子どももいて、皮むきの体験を通じて食材がもつ特性を学ぶことができました。

（写真3-14-1）悪戦苦闘しながら玉ねぎの皮をむく

　そのことを調理員に伝えると「今はお母さんが料理を作っているときに、ずっとスマホを見て待っている子どもが多いって聞きます。だから、昔みたいにお手伝いする経験や、お母さんが料理をする姿をあまり見ていないかもしれませんね。だからこそ、こうやって野菜に触れる経験がもっとできるようにしますね！」と、次に向けた秘策を考えてくれました。

食材と直接触れ合う機会をもつ

　その後しばらくして、栄養士と調理員から「明日は給食でふきが出るから、それもむいてみますか？」と提案がありました。保育者もふきはむいたことがなく、子どもと一緒にむくことにしました。

子どもにそのことを伝えると「えっ、あのスジの通った、ふ～き！ってやつ？」と驚いていました。きっと、家庭でふきは出ないのでしょう。

実際にふきをむいてみると、子どもたちは興味津々でした(写真3-14-2)。「フキってストローみたいに穴があいてるんだ!?」「なんか変なにおいするよ」「これ、すごくツルツルしている。どうやってむけるの！?」「スジはずっとむけるんだけど、いつに

(写真3-14-2)自分でむいたふきは、食べるときにも格別！

なったら終わりになるの？」と、初めてフキに触れたことでたくさんの疑問が沸いたようでした。

翌日、前日にむいたフキが給食で出ると「これ、昨日、僕たちがむいたやつだよね！」と喜んでいました。普段は野菜が嫌いな子どもも「今日のフキはいつもと違っておいしい気がする」と喜んで食べる姿がありました。野菜むきの活動を通じて、子どもたちは食材と直接触れ合う機会をもちました。香りを感じることで、ふきそのものがもつ特性を体感できました。

このように、子どもたちは自分の手で野菜をむく作業を通じて、食材に興味をもち、食事への関心が高まりました。こうした経験をするためには、保育者と調理員の連携が重要です。日々、両者は時間に追われています。保育者はクッキングをしようと思っていても、デイリープログラムの隙間を見つけて、野菜を用意し、皮むきする機会を作る余裕がなかなかありません。一方で、調理員も日々の調理に追われ、また保育者に提案することが迷惑になるのではないかと遠慮し、野菜の皮は大人がむくことが多いといいます。

お餅つきからオカキづくりへ発展

他にも、調理員は保育者にはない柔軟な発想をもっています。毎年、園では餅つきをしていますが、ついた餅を食べたり、鏡餅を作って終わりでした。ある年、調理員との雑談の中で、保育者が「お餅っておいしいですけど、他に何か食べ方がないですかね？」と尋ねました。すると調理員が「先生、お餅から、オカキができますよ！」と教えてくれました。

そのことを子どもたちに伝え、調理員に作り方を聞きに行きました。すると「オカキを作るには餅の水分を抜いたほうがいいから、干したほうがいいよ」と教えてもらいました。それから、餅を干し網に入れて風通しの良い場所に置きました。毎日、子どもは調理員に会うたびに「もう、オカキできそう？」と聞き、調理員も「う～ん、まだじゃないかな～」とやりとりしていました。

(写真3-14-3)給食室で餅を揚げる様子

2か月後、いよいよ餅が乾燥し、オカキづくりの日になりました。オカキの作り方を知らない子どもたちは、餅を給食室で揚げる(写真3-14-3)ことを聞くと「見たい！見たい！」と大興奮でした。しかし、窯の近くでその様子を見ることは安全上できません。そこで、オカキを揚げる様子を動画で撮影し、子どもたちに見せました。子どもたちは「すごい、浮かんでる！」「色が変わってきた」と、その様子を見て楽しんでいました。

食べてみると、とてもおいしく、オカキが嫌いな子も喜んでいました。オカキのような身近なお菓子でも、その作り方は知らないものです。しかし、調理員が見せてくれたことで興味をもつことができました。今回の事例のように、保育者と調理員の何気ない会話から保育につながり、子どもの経験を豊かにすることがあります。

幼児期にしか感じられない味の体験

干し柿づくりの時も、調理員の活躍がありました。ある日、園長が渋柿を持ってきて、干し柿を作ることになりました。調理員に作り方を相談したところ、「保育者が作って甘くなった干し柿をただ食べるよりも、渋柿の渋みを知って、こんなに甘くなるんだと感じられるほうが、子どもにとっては驚きと感動があるんじゃないですか？」という提案を受けました。

詳しく聞くと、渋みは基本五味とは異なるので、一生経験し得ない味かもしれません。興味をもって渋みを感じられるのは幼児期しかないことを教えてもらいました。実際に、渋柿の渋みを体験した子どもたちは「うぇー、ベロがシワシワになっちゃう」と喜びながら食べていました。そのうえで調理員が「これを干し柿にするととっても甘くなるんだよ」と伝えると、「えぇー、うそだー！」と半信半疑でした。

(写真3-14-4) 渋柿を湯がす様子に興味津々
(写真3-14-5) 食べられる日を心待ちにする子どもたち

その後、渋柿を湯がき干しました(写真3-14-4)。子どもたちは「まだ食べられないの？」と心待ちにしていました(写真3-14-5)。2か月ほど経ち、やっと干し柿を食べる日になりました。「なんか、シワシワでおいしくなさそう…」と疑う子も、一口渋柿を食べれば「えぇ！前と全然違う！」と驚いていました。

このように味覚の変化を体験できたのも、調理員が専門的知識から保育内容を提案してくれたからです。保育者とは異なる調理員の視点で保育内容を考えた時、それは保育者だけで考えるよりも豊かなものになりました。

2 用務員の活躍

子どもが園の生活や環境を知る機会になる

用務員の仕事は園の施設や環境を整えることです。そのため保育者と異なり、子どもたちと接する機会はそれほど多くありません。しかし、子どもたちは用務員の仕事を興味深く見ています。用務員との交流を通して、子どもたちはどのような経験をしているのか、いくつかの事例を紹介します。

用務員は、子どもたちにとって保育者とは違う身

（写真3-14-6）日常の中で交わされる用務員と子どもとのやりとり

近な大人です。例えば、子どもが用務員に「今日はこんなことがあったんだよ」と話しかける場面では、用務員がやさしく耳を傾けてくれます**(写真3-14-6)**。一見すると何気ない会話ですが、いつでも無条件に受け入れてくれるので、子どもたちは安心感を覚えます。

また、用務員は園庭の整備や施設を修理します。子どもたちはそれを見て、「どうしてここを直すの？」と疑問をもちます。用務員は「ここを直すとみんなが安全に遊べるんだよ」といった説明をしながら、園の環境がどのように保たれているのかを子どもたちに伝えます。このような用務員とのやりとりは、子どもが園の生活や環境を知る機会にもなっています。他にも、園庭で見つけた昆虫や草花について用務員がその名前や特徴を教え、子どもたちは自然への興味を深めることもありました。

用務員は子どもと何気ない会話をする機会が多く、子どもの好きなこともよく知っています。ある日、畑で作業をしていた時にバッタがいました。それを子どもにあげると「用務員さんはバッタをくれる」とすぐに噂が広がりました。子どもたちは用務員を見つけると「今日はバッタいたー？」と口々に声をかけるのでした。保育者はともすれば「虫＝飼育の経験」と考えがちです。しかし用務員は、子どもが喜ぶからあげただけでした。その気軽さが、子どもにとっても気楽だったのかもしれません。

(写真3-14-7) 用務員から手渡されたリンゴに大満足

保育者が気づかないもので子どもたちを喜ばす

用務員は園にある保育者が気づかないもので、子どもを喜ばせてくれます。園庭のリンゴの木を選定していた時、子どもたちがやってきました。

子どもは切り落とされたリンゴを見て「これどうするの？」と用務員に尋ねました。用務員は「なんで？」と聞きました。すると子どもが「食べたい…」と言いました。用務員はそのリンゴを子どもにあげました(写真3-14-7)。保育者であれば「給食もあるから、また今度ね！」とスケジュールを考えてしまいそうですが、用務員はそんなことを気にせずリンゴをあげました。子どもは「やったー！　ずっと前から食べたかった！」と大喜びでした。

このように、保育のねらいやスケジュールと関係なく接する用務員がいるからこそ、子どもは今興味・関心があることにアクセスできます。本園では、用務員はこのような偶然性と子どもをつなげる大切な存在になっています。

3 保育者でない大人との交流が子どもにもたらすもの

核家族化が進み、地域の人々との交流が減ってきた現代において、園にいる保育者でない大人（調理員や用務員）との交流は人的環境として重要な意味をもちます。保育者以外の大人は、子どもたちにとって少し異なる存在です。彼らとのかかわりは、特定の教育的意図のない日常の自然なふれあいであり、子どもたちは社会のなかにさまざまな役割の大人や職業があることを知ります。

調理員や用務員が園内で活躍するには、まずは保育者との交流が大事です。保育者と話す中で、調理員や用務員は徐々に子どもや保育に興味をもちます。そうすれば、自ずと自分たちでできることを考えて実行するでしょう。子どもにとっての経験は、保育者だけでなくさまざまな人がいることで成り立ちます。調理員や用務員が遠慮している場合もあるので、まずは保育者からのきっかけづくりが大事だと思います。

保護者　保護者組織　情報発信

15

新型コロナウイルス感染症の蔓延の際、
清心幼稚園は保護者組織「幸の会」と協力して対策を考え、乗り越えてきました。
その時に協同して取り組んだことがベースとなり、現在もお互いサポートしながら、
園行事や幸の会活動を支えています。
昨今は、保護者組織を見直すだけでなく、解散するケースも耳にします。
保護者の負担増加、人間関係の悪化、価値観の変化などを背景に
存在意義が問われていると思います。
それは「幸の会」も同様です。
幸の会活動の主体はかつて、保護者が中心でしたが、共働き家庭が増えた背景もあり、
10年ほど前から園も参画しながら進めてきています。
その変容の中で、保育理解や子ども理解につながってきた一面もあります。
本事例では、「幸の会」と園が試行錯誤してきた最近の取り組みから、
園と保護者の協同と園生活を支える環境について考えたいと思います。

清心幼稚園（群馬県前橋市）

保護者と園のコラボレーション
——「幸の会」との協同的なかかわりを通じて

1　保護者組織「幸の会」とは？

歴史的な背景と成り立ち

　清心幼稚園は、宣教師団体アメリカン・ボードの宣教師と地元の有志によって1895（明治28）年に創立しました。アメリカン・ボードが1898（明治31）年に保護者組織「母の会」の活動を記録しています。母親教育や伝道といった活動目的があったと思われ、児童福祉や家庭生活などの講演会を開いていました。

　その後、アメリカン・ボードからの資金提供が減少したことを受けて、1930（昭和5）年に園の運営をサポートする組織として「幸の会」の前身、「清心幼稚園後援会」が結成されました。その後、1969（昭和44）年の学校法人化や1970年の園舎改修が重なり、1971（昭和46）年にキリスト教主義の幼児教育の振興を図る組織として、保護者と保育者が集う「幸の会」が発足しています。園行事のサポートだけでなく、バザー、講演会、サークル活動などを主催していました（写真3-15-1）。

直近10年間の活動状況

　2015（平成27）年に幼保連携型認定こども園に移行したことで、共働き世帯の割合が8割近くになりました。現在は、1年で各委員が変わり、在園期間中いずれかに所属する形態です。2020（令和2）年の新型コロナウイルス感染症の拡大時は、幸の会主催行事も休止となり、その間に今後の活動について検討を重ねました。

　例えば、会員同士の交流がなくなったことから、1983（昭和58）年に創刊した会員向け会報誌「藤棚の下で」の内容を見直しました。園の様子を撮影・配信することも提案されました。隔年開催で継続してきた「フェスティバル」（1994（平成6）年に「バザー」から改称）は課題でした。2014（平成26）年より幸の会と園の共催事業でしたが、地域の方にも開いたイベントで、お家の方と子どもたちがワークショップを楽しんだり、卒業生が集って旧友

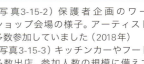

（写真3-15-2）保護者企画のワークショップ会場の様子。アーティストも多数参加していました（2018年）
（写真3-15-3）キッチンカーやフードも多数出店。参加人数の規模に備えていました（2018年）

（写真3-15-1）開店前のバザー会場に集ってくださった方々（1984年）

を懐かしんだり、数百人の方が集まる規模で実施していたのです（写真3-15-2、3-15-3）。

2 最近の協同的なかかわり

会報誌「藤棚の下で」の見直し

　会員の園生活や「幸の会」の活動を知る、また、その活動記録を残すことを目的に発行された会報誌「藤棚の下で」。現在、第97号（2024年）を数えます。主催行事を実施した感想、園行事に参加した感想、清心幼稚園の歴史や、保育者紹介などの記事が掲載されています。第6号（1986年）からは、卒業を控えた年長児の描画とその子どもの「楽しかった思い出」「将来何になりたいか」という特集が始まり、現在も続いています。第57号（2006年）以降、園が情報を発信するコーナーや、幸の会役員と園の座談等が掲載されるようになり、会員と園を広く繋ぐ冊子にもなっています（写真3-15-4〜3-15-6）。

　新型コロナウイルス感染症の蔓延中の編集会議では、園での子どもの姿が感じられる誌面を企画してはどうかとなりました。そこで、子どもが園生活で気になるものや好きな場所を撮影し、その時のエピソードを保育者が聞き取って掲載してみました。その特集が好評で、定着しつつあります。

　また、保育者と園が直接コミュニケーションをとる機会が減少したことから、子育てに関する質問や園の環境について、複数の保育者が回答する企画も新たに生まれました。このように、会報誌作成に園も協力し、園理解、保育理解の一助になることを試みています。

新たに始まった「動画配信」

　2020（令和2）年の最初の撮影と編集は、外部のカメラマンにお願いしました（写真3-15-7）。会長さん、郡司明子先生（群馬大学）、園の三者で、清心幼稚園の保育について対談し、記録したのです。40分ほどの映像で内容も濃厚でしたが、動画の長さに賛否がありました。費用面でも継続することが難しかったので、翌年から担当の委員さんが撮影することになりました。撮影対象は園の環境に絞りました。

　日々変わっていく保育室の様子や園庭などを撮影し、そこに保育者が解説を加えたり、委員さんが感想を述べたりしました。この環境動画は、家で子どもと一緒に見ながら、子どもからいろいろな話が聞けてよかったという話がある一方、子ども自身がかかわっていない映像は、本人も興味を示さないので、関心がもちにくかったとの反応がありました。

　そこで、2024年度は、園の保育者が、普段どのようなことを大切に保育し、子どもとかかわろうとしているのかなど、テーマごとにトークして、その様子を撮影する計画になりました。「子どもが楽し

（写真3-15-4）創刊号からの藤棚。創刊時は手書きでした
（写真3-15-5）子どもたちを日々撮影してくださる根岸さんにインタビューする委員さん。根岸さんの思いを記事にしました
（写真3-15-6）最新号は全面カラー化。表紙は須藤和之さん（画家）の書き下ろし。須藤さんは2022年度の会長で、お世話になりました

（写真3-15-7）役員さん、カメラマン、園で動画撮影のための事前打ち合わせも綿密でした

（写真3-15-8）園庭で柿を収穫して干し柿を作るワークショップも賑わいました

（写真3-15-9）幸の会企画「なんどでも なんどでも」モノの気持ちになって、大切にしたいとの思いです

めるか疑問」という指摘もあったのですが、5分前後のサンプル映像を作成して役員会で試聴したところ、「子どものことをこんなふうに考えているとわかってとてもよかった」との意見をいただきました。まもなく配信される予定です。

園生活を体験するワークショップが好評の「フェスティバル」

6年ぶりに再開した2024（令和6）年のフェスティバル。前年には、家庭で子どものサイズアウトした靴や、読まなくなった絵本を集めて持ち帰り自由の「なんどでもなんどでも」を準備企画として開催しました。フェスティバルの火が消えないようにつなごうとしたのです。

フェスティバルを実施したいのは役員会の総意でしたが、6年間休止している間に経験者が少なくなりました。そこで園が、まずは在園の方中心の再開を提案しました。そして、子どもたちが日々経験していることを、体験ワークショップ化するスタイルはどうか尋ねてみました。園生活の体験を通して、それまで見えなかった園の何かが少しでも解消できるかもしれないと思ったのです。そして「大豆を炒ってつくるきな粉」「5歳児が実践している水キムチづくり」「園庭で伐採した樹木を削ったり切ったりする遊び」「園で収穫したサツマイモのツルでリース作り」などに、「なんどでもなんどでも」を加えた8種のワークショップを計画しました（写真3-15-8、3-15-9）。

委員さんも前日・当日の準備や片づけ、給食の販売、受付等をシェアして携わりました。参加者からは「家で子どもが話していたこととつながった」「本当に大豆から始めていて驚いた」「園の中の環境もじっくり見ることができてよかった」などの感想がありました。

3　子どもの園生活を支える保育環境へ

今を大切にしながらつなぐ丁寧な対話

保護者と清心幼稚園の協同を「幸の会」の活動を通じてみてきました。ここで取り上げた取り組みは、歴史や伝統に倣うだけでなく、子どものことや園のことを知りたい、理解したいと念頭におきながら、保護者の方と私たちの協同によって新たな文化を創造してきているように感じます。その点で「今」の思いを大事にしながら、過去の思いをつないで反映させたり、未来に向けたビジョンを伝えたりする丁寧なやりとりが大切だと感じます。

実際、会報誌の打ち合わせや撮影で園とかかわった委員さんとは、幅広く意見交換がすることがあり、園理解が進むようでした。課題はいろいろとありますが、そうした丁寧な対話を続けていくことが、子どもの園生活を支える保育環境の一つになり得るのだろうと思います。

アーティスト　コラボレーション

16

清心幼稚園には、保育士や幼稚園教諭、栄養士などの資格を有した者が従事していますが、
アーティストはそうした資格の枠に当てはまりません。
海外では、イタリアのレッジョ・エミリア市のアトリエリスタのような
芸術の専門家が子どもと探究する実践もあり、
国内でも一般的に知られるようになってきています。
しかし、アーティストと協同するワークショップの事例は増えているものの、
長期にわたる実践報告は多くありません。
そこで、10年ほど本園の子どもたちとかかわってきた、
振付家でダンサーでもある藤田善宏さん（以下、藤田さん）と協同してきたことを振り返りながら、
これまでどのようなことが起こってきたか、そのプロセスと実態を紹介したいと思います。
藤田さんと出会ったきっかけ、どうして協同したいと思ったのか、
そうした背景についても触れながら、
アーティストと園が相互成長する関係性について考えます。

清心幼稚園（群馬県前橋市）

アーティストと園が相互成長する関係性

1 出会いはワークショップの現場

子どもの気持ちや行動を理解し、実践的指導力の基礎を身に付ける

園の歴史を振り返ると、いろいろなアーティストとの出会いがありました。大正期には詩人の萩原朔太郎さんや洋画家の南城一夫さんとの交流がありました。当時の園長が、萩原さんにマンドリンを習うという個人的な交友もあれば、南城さんが園の子どもたちに絵画教室を開くといったこともありました。そうした背景もあり、現在も、アーティストや作品と出会うことが身近かもしれません。

藤田さん（写真3-16-1）との出会いは、約10年前の群馬大学のフレンドシップ事業でした。これは、教員養成系大学・学部の学生が「種々の体験活動等を通して、子どもたちとふれあい、子どもの気持ちや行動を理解し、実践的指導力の基礎を身に付けることができるような機会」を、教育職員免許法上の科目として教育実習以外に設けるもので、「地域の教育委員会、学校、その他の団体等と連携しつつ実施する」[1]ことが目的です。

藤田さんの姿から考えたこと

2013（平成25）年に聾学校で行われていた本事業を見学させてもらいました。そこでは、学生と聾学校の児童が無声劇を創作し、表現していました。その講師として藤田さんが帯同していました。身体を通したインクルーシブなかかわり、学び合いの中で、互いが気づき、理解し合っていく姿に、学びの協同的なあり方を考えさせられました。それがその後、フレンドシップ事業を本園で実施するきっかけにもなりました。

藤田さんを知ったのは、この時が初めてです。藤田さんが自身の舞台作品を作って演じたり、舞台演出や各地でのワークショップを実践していることも知りませんでした。そこで、ワークショップ以外の場で、藤田さんがどのような表現をされているのか見に行くことにしました。

藤田さんが手がけているCAT-A-TAC（キャットアタック）が公演する無声劇をはじめ、藤田さんが所属しているコンドルズの舞台を観に行きました。そ

（写真3-16-1）藤田善宏さん ©阿部章仁

して、さまざまな表現活動の経験があることや、服飾のデザインなども手がけ、幅広く活動していることを知っていったのです。

2 「そういうのもいい！ 面白い！」と言われて、思わずのっちゃう子どもたち

園での表現活動に至るきっかけ

見学の翌年、本園でフレンドシップ事業を行うことになりました。引き続き藤田さんが講師として招かれていました。藤田さんは、子どもの声を聞きながら「じゃあ、こういうのやってみる？」と、子どもたちと即興的に遊び始めました。子どもたちから身体的なアイデアが湧いてくると、「そういうのもいい！ 面白い！」とそれぞれに声をかけていき、しばらくすると、学生たちも溶け込みながら笑い合い、表現し合う場になっていました（写真3-16-2）。

ある時期には、保護者にも参加してもらって、グループワークを楽しみました。保護者もジェットコースターになりきって本気で演じてみるなど、まさに種々の体験活動を通して触れ合っていく場になっていきました。その後、保護者も含めてその時のワークショップを振り返り、協同的な学びについての理解を深めました。

このフレンドシップ事業は、2年という短い期間でしたが、藤田さんが、誰に対してもフラットに声をかけ、コラボレーションしながら参加者が徐々にほぐれて笑顔になっていく状況が毎回印象的でした。このような場を普段から子どもも保育者も親しんでいたら、園の表現の豊かさがさらに広がっていくと思いました。そこで、フレンドシップ事業後にも表現を通して学び合いたいという思いを藤田さんにお伝えしたところ、引き続き遊びにきてくださることになりました。

（写真3-16-2）フレンドシップ事業での即興的な遊び

園から地域へ表現活動を広げる

初年度は、子どもたちも藤田さんとなじむところからと思いましたが、藤田さんの合いの手が子どもたちの表現を上手にすくっていくと、子ども同士で表現を見せ合いながらのびのびと楽しむ場が展開していきました。特に、自分の身体を使って何かに見立てて表現したり、何人かで家電の扇風機や洗濯機になってみたり、食材からカレーライスができるまでを表現するなど「何かになる」ことを好んで楽しんでいました。藤田さんも子どもと一緒になって、時には自分の表現を見せて、創出していくことを面白がっていました（写真3-16-3）。

その後、年を重ねるにしたがって、藤田さんが折り紙や新聞紙といった物を使った表現を提案したり、椅子や大きな積み木などを使った表現、さらには空間に紙テープを何本も引いた中で表現したりするなど、多様に広がっていきました。また、私たちが日々出かけている公園や地域の商店街などにも一緒に出かけていって、屋外で表現することも楽しむようにもなっていきました（写真3-16-4）。

（写真3-16-3）息があわさって広がる表現
（写真3-16-4）屋外で表現活動を楽しむ様子

3 どうなっていくかを楽しむワクワク感を続けたい

日常の保育の中での深まり

　この10年間、同じプログラムをこなすことはしてきませんでした。藤田さんに委託してお任せするスタイルではないので、保育者も子どもの様子を藤田さんと情報交換しながら、「こんなことやってみます？」と協同していきました。そのおかげで、いつも新鮮で、どのようなことが起こるのかワクワクしながら過ごしています。続けてきたことは、「今日、どうだった？」と振り返ることと、「次回はどんなふうに過ごす？」ことの簡単な確認です。

　幸い、藤田さんが年間で20日ほど来園されるので、皆で過ごす楽しみ、それぞれに深めていく楽しみなど、その都度状況によって場を設けることが可能でした。そこで、ここ数年、通常保育の中でクラブ活動的に過ごすことも試みてみました。やりたい気持ちが溢れる子どもたち同士が継続していくとどうなるか、表現を通して学び合っていく新たな姿を期待したのです。

　すると、子ども同士の理解も深まって、表現する楽しさをさらに味わうようになっていきました。

一人ひとりの温度差へのかかわり方

　この時に感じたことは、身体表現を通して遊びたい子どもの思いにも温度差があるということでした。園では普段から子どもが遊びを選択して過ごしているので、一人ひとり経験していることが異なります。担当の保育者がそれぞれの遊びやクラスの活動が充実するように環境を整えるのですが、継続して遊ぶことで、子ども同士のかかわりが固定化してしまう可能性もありました。また、「遊びたい子ども」だけが集う関係では、当初の「身体を通したインクルーシブなかかわり、学び合いの中で、互いが気づき、理解し合っていく姿」からは遠くなっていくような気がしました。

　最近は、感じたことや気づいたことを何気なく表出して楽しむことを改めて大切にしています。例えば、5歳児クラスで地域をフィールドワークしながら、そこで出会う風や光、空、舞う葉っぱ、川のせせらぎなど、何か印象的な発見があった時に、「これってこんな感じ？」と、身体で表現してみるのです(写真3-16-5)。そうした体験を重ねていくと、子どもたちも「○○がこうなってた」と、ごく自然と表現する身体になっています。

　一方、こうした藤田さんと子どもたちが体験していること、学び合っていることについて、保護者とどのように共有していくかは課題です。これまでも園行事、清心ピック（運動会）に藤田さんも参加し

（写真3-16-5）自然と表現する子どもたち
（写真3-16-6）園行事に参加する藤田さん

て、親子向けのワークショップや即興ダンス作りなどを通して、藤田さんを知ってもらったり、活動の動画記録を展示したことがありますが、以前のフレンドシップ事業のような協同的な学びを実感できる状況づくりはできていないように思います。コロナ禍を経て、園を取り巻く保育環境が変化し、園理解の方法も多様になってきたと感じるので、引き続きどのようなアプローチが可能か考えていきたいと思っています**(写真3-16-6)**。

4 「子どもたちのいろいろな表情を発見できた」

藤田さんにとっての学びとは？

　最近、園の保護者会（幸の会）の広報誌「藤棚の下で」[2]の企画で、藤田さんと著者が対談する機会がありました。「藤田さんのことをもっと知りたい！」という保護者の声から特集が組まれたのです。その対談で、藤田さんが子どもたちのことを次のように語ってくれました。

　「つまんないと、子どもってすぐにいなくなっちゃいますよね。でも、あれ？　もう1時間？　みたいに時間を忘れて参加してくれると嬉しい。休憩してもすぐ戻ってきてね（笑）。そして面白いだけじゃなく、真剣な空気感もあったりする時もあって、いいなって。そういう子どもたちのいろんな表情を発見できたのは清心さんのおかげかな。僕は子どもも大人も楽しめる舞台作品作りをしているけれど、子どもって多少難しい物語でも興味があればちゃんと自分なりに吸収して理解してくれてたりしますよね。だから子ども向きのものだからって単純に簡単にすればいいという訳ではなく、これはなかなか気が抜けないぞと。勉強になります。」

　園で始めた当初は、藤田さんも幼児期の子どもと継続的なかかわりがなかったので、お互いが手探りでした。そこから藤田さんが子どもたちと真摯に向き合って過ごしてきてくださったからこそ、子どもたちも真剣になっていったのだろうと思います。予想できることを子どもに提供するのではなく、その都度、子どもの反応に私たちも応えていきながら、結果的に少し難しいことにもチャレンジしていくかかわりも創出していったと感じます。

　藤田さんが園の中での出来事を柔軟に吸収しながら、それを自身の舞台に反映していると聞いて嬉しく思いました。

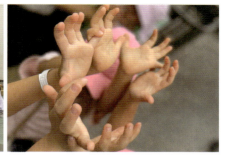

（写真3-16-7）相互に表現を楽しむ　　（写真3-16-8）ワークショップの様子　　（写真3-16-9）子どもの表現する権利を考える

「アウトリーチで小学校から大学までいろんな学校に教えに行くんですけど、幼稚園は時々行く程度でした。これだけ定期的に関わらせてもらえると、やれることの幅も広がりますし、関わり方が一回限りではなく継続的だからこそできることもあるので。それに自由で正直な幼稚園児が飽きないってことは、それ以上の年齢の子どもたちも飽きないかもって自信がつきます。」

継続して実践してきたことで、藤田さんも手応えを感じているようでした。今後も子どもと表現することを面白がりながら、藤田さんとの時間も楽しんでいきたいと思います(写真3-16-7)。

5　アーティストと園が相互成長する関係性とは？

表現を介して協同していく

藤田さんが運営するCAT-A-TAC（キャットアタック）の主催で、2023年度には全国3か所で、子ども向けの異業種コラボダンスワークショップ、「CAT-A-TACのアソビバワーク」が行われました。「音楽」と「美術」を身体と発想力を使って遊ぶプログラムで、「日本の演劇」未来プロジェクトの一環として開催されました。

会場の一つが前橋だったので、私たちも協力させていただきました。1月の土曜日、地域の会議室で実施されたのですが、そこには在園の子どもたちだけでなく、かつて藤田さんと遊んだことのある卒業生も参加していました(写真3-16-8)。久しぶりの再会も嬉しかったですが、地域でこうしたイベントを協同させていただき、地域とのつながりを感じられたことも新たな学びとなりました。

相互成長する関係性が育まれる

子どもも大人も表現することを当たり前に尊重し続けているのはアーティストかもしれません。それは資格等の有無にかかわらず、子どもの権利を尊重することが基本となる保育の現場においても同様です。そうした権利の尊重をベースに、アーティストと園とがお互いに学び合いながら関係をともに作っていくことが大切だと思います(写真3-16-9)。

先の対談で藤田さんが、「なかなか気が抜けない」と話されていましたが、毎回、新たに出会って生まれる、せめぎ合うところのほどよい緊張感の中で、相互成長する関係性が育まれてきたと感じています。

1) 郡司明子・茂木一司・市川寛也 栗原啓祥・藤田善宏（2022）コロナ禍における表現とコミュニケーションの学びに関する一考察「コミュニティ学習ワークショップ」の授業を通じて．群馬大学教育実践研究．別刷(38) 128 〜 129頁
2) 清心幼稚園幸の会広報委員会（2024）藤棚の下で 第97号

17

地域　食

清心幼稚園から10分ほど歩いたところに、商店街があります。
商店街には美術館や複数のアートスペースがあって、日頃の散歩エリアになっています。
作品を見に行くなど目的をもって出かけることもあれば、
散歩しながら偶然の出会いや交流、寄り道を楽しむこともあります。
保育で必要な食材や道具を探すこともあり、
八百屋、魚屋、海苔屋、人形店などいくつかの専門店は、子どもにとっても馴染みです。
そのうちの一つ、須田商店の須田さんには、これまでいろいろと教えてもらってきました。
本事例では、須田さんと子どもたちとのやりとりを通して、
園生活にもたらされてきた「食」を通じたかかわりについて紹介したいと思います。

清心幼稚園（群馬県前橋市）

地域の専門店とつくる「食」を通じたかかわり

1 専門店ならではの豊かさと出会う

こだわりの食材

須田商店は、お米を中心に、餅米、大豆、小豆、押麦、こうじ、こぬかを扱っています。須田さんが選ぶ各地の食材はいずれもおいしいです。時期によっては、須田さんがつくる麹、味噌、甘酒、ぬか漬け、沢庵、切り餅なども売っています（写真3-17-1、3-17-2）。

園では、毎年、お餅つき用のきな粉にする大豆や、時にはあんこにする小豆を子どもたちと購入しに出かけています。大豆もその都度2〜3種類扱っていて、須田さんに用途を話して、合うものを教えてもらいます。群馬県昭和村のもの、北海道のもの、宮城のものといった産地や、その大豆の特性なども教えてくれます。

かつて、園で味噌を仕込んだときの大豆もお願いしました。須田さんが日頃どんなふうに味噌を仕込んでいるかを教えてもらって、それを真似してやってみたのです。自分たちで作る味噌は香りも味もよく、味噌汁や味噌おにぎりにして子どもたちと楽しみました。

魅力満載の店内

店先には大きな精米機があります。初めて須田商店を訪れた子どもたちは、これが気になるよう

写真3-17-1

写真3-17-2

（写真3-17-1）たびたびお世話になっている須田商店
（写真3-17-2）ある日の店内の様子

17 地域の専門店とつくる「食」を通じたかかわり

111

で「これなあに？」と尋ねます。すると須田さんが、「これはねえ、精米機っつうんですよ」と言いながら機械のところへ行き、スイッチを押してくれます。店じゅうにグイングインと音が響き、「これを入れて」と玄米を投入、シャラシャラという音が聞こえたかと思うと、艶のあるお米になって出てくる様子を見せてくれます（写真3-17-3）。

（写真3-17-3）精米した後に出る新鮮なぬかを触らせてもらう

「おばちゃんはね、毎日、こうやってんだよね」と話しながら機械を止めます。そして「うちはね、いろいろなお店に合わせて（精米を）やってますからね。あそこのお寿司やさんはこうとかね、いろいろありますからね」など話してくれます。子どもたちはその須田さんの姿や話を通して「そうなんだ」という雰囲気でよく見ています。

最近は、私たちが園で子どもたちと作っているぬか漬け（以下、ぬかちゃん）を、須田さんに教えてもらっています。「ナスはおてんとさまで育った地植えじゃなくっちゃあ、色が綺麗に出ないでしょ。あれは時期のもんだから」「朝と夕方にかんます（かき混ぜる）ことが大事ですからね」「ぬか漬けができれば、いっちょまえ（一人前）ですよ」など、ぬか漬けづくりの奥深さや厳しさをよく話してくれます。こうしたやりとりも須田商店の魅力です。

2 2つの「ぬかちゃん」を大事にしました

なかなかうまくいかない

最近のぬかちゃんは、4歳児たちが手入れをしています。その理由は、2歳上のお兄さんお姉さんが「大事にしてね」と卒業前に託していったからです。実は、前年の3歳児の時に育てていた野菜をお願いしてぬか漬けにしてもらった経験があったのです。

年度当初に担当の保育者が、せっかくだから自分たちのオリジナルぬかちゃんもやってみようと子どもたちと新たな壺やぬかを購入しました（写真3-17-4）。そして、2つのぬかちゃんと対峙する生活を始めました（写真3-17-5）。

両方とも同じ場所に置いて毎日かかわっていたのですが、日々の様子は異なりました。1週間後、

（写真3-17-4）陶器屋さんで、よさそうな壺を探しました
（写真3-17-5）2つのぬか床を毎日かき混ぜて過ごします

（写真3-17-6）須田さんのぬか床を触らせてもらいました

新たなぬかちゃんで漬けた野菜は「味がない」「味が薄い」という感想が子どもからありました。保育者は「変な匂いがする」と気がつきました。託されたぬかちゃんのほうも「大丈夫そう」「おかしい」と意見が分かれました。そこで、この2つのぬかちゃんを須田さんのところに持っていって見てもらうことにしました。

須田さんはいずれのぬかちゃんも触って、「接着剤の匂いがしたらダメだよ」と匂いを嗅ぎました。そして「これはうちのせいじゃない、あんたらよ」と言いました。それから「ぬか漬けは、ほんと、難しんですよ」と話すのでした。

改めて須田さんに作り方を聞いてみました。すると、私たちをお店の裏側に案内してくれて、須田さんが仕込んでいるぬか床を見せて説明してくれました。「うちはね、ここにキュウリを2、3本、前の日の夕方に入れておくんですよ。そうすると翌日の昼くらいにはちょうどよく浸かるから」と言いなが

ら、適度な水分を含んでヌタっとした心地のぬか床を触らせてくれました。色も香りもとてもいいぬか床でした（写真3-17-6）。

手間をかける、時間もかける

園に戻って、ぬかちゃんの再起を試みました。塩を入れて再びかき混ぜました。触ってきたおばちゃんのぬか床の様子を参考にしました。仕込む野菜は、自分たちで育てたもの、商店街の八百屋さんで購入したもの、園の栄養士さんに頼んでもらってくるものなど、その時々でしたが、野菜の大きさや種類を変えてみました。粉からしも入れてみました。

土曜日は土曜保育の保育者と子どもたちにお願いしていたのですが、その時もやり方がわかるように、絵で説明を書いて貼っておきました（写真3-17-7、3-17-8）。須田さんが、「夏が暑すぎる」という話もしていたので、この保育室のエアコンだけ昼夜を問わず保つように設定しました。「ショベルカーみたいな手で掘っていくんだよ。それがぬかちゃん嬉しいんだよ」と、毎日の手入れの仕方も話題になりました。そうした工夫の甲斐があってか、託されたぬかちゃんの様子は、味も香りもよくなっていったのです（写真3-17-9）。

しかし、その後も、ぬか漬けづくりはこれという正解がなく、子どもたちや保育者とも「こうかな？」を重ね、試しながらじっくり過ごしています。

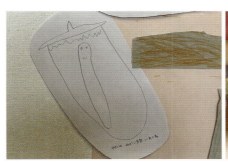

（写真3-17-7）やさいはぬかにぜんぶいれてね

（写真3-17-8）いい感じにできたキュウリを、子どもと一緒に取り出す

（写真3-17-9）作り方のイメージを話す子どもたち

（写真3-17-10）毎年、炒った大豆を潰してきな粉を作っています

3 地域の方とつくる保育環境の可能性

子ども理解・保育理解につながる

　ぬかちゃんや、須田さんとのやりとりを楽しんでいる子どもたちから、お家でもぬか漬けづくりを始めたという子どもがいました。お家の人と須田さんのところへ行って買い物をしてきたという話も聞かれました。須田さんからも「あれ？　この前ママと来た子じゃない？　あんとき、おまんじゅうあげたんだったいね」などの話があって、須田さんもやりとりを楽しんでいるようでした。

　このように、子どもが経験しているぬかちゃんや須田さんとのかかわりを、専門店や地域の方を通して、お家の方も追体験する場が広がっています。これまでの園とお家という双方向のコミュニケーションに地域の方も加わり、保育や子どもを共感しながら楽しむ場として開かれてきているように感じます。こうしたコミュニケーションを通して協同

的な保育環境が創造され、それが園生活に還ってくるのも面白いと思います。

　今年も園で餅つきをしました。その際、須田さんのところで購入したもち米と大豆から炒ってきな粉を作り(**写真3-17-10**)、きな粉餅にしました。それがとてもおいしくて、「せっかくだから」と作りたてのきな粉餅のお裾分けに須田さんのところへ行きました。

　しばらくして、須田さんから園に電話がありました。「今度赤飯を炊くから、取りにおいで。この前のお餅もおいしかったからね」と言うのです。こうした温かなやりとりをこれからも続けていけたらと思います。

第3章
まとめ

子どもを取り巻く人的環境は、彼らのウェルビーイングおよび育ちにとって極めて重要な存在です。「こどもまんなかチャート」（序章図1）に鑑みても、子どもを取り巻く人はとても多彩であり、多くの人々から影響を受けながら暮らしが成立していることが読み取れます。

ところで、私たちはそうした多様な人的環境の魅力、子どもとの関係性をどこまで理解しているのでしょうか？　いくつかの媒体において、「保育施設の成員は子ども・保育者・保護者である」といった趣旨の内容を目にしたことがあります。ご存じの通り、園内では調理員や用務員をはじめとした多くの大人が活躍しています。地域の方が園にやってくる、園外保育で地域の方と出会うということもあると思います。さらに、保育者は環境構成や関わり、保護者支援といった諸々の保育行為のスペシャリストですが、一人ひとり異なる個性や魅力をもった大人でもあります。そうしたさまざまな人的環境の可能性について考えた6つの事例について改めて整理していきましょう。

みえてきた「ワクワク」と実践のためのヒント

● 子どもたちに魅せる保育者という提案（13）

　子どもの主体性が重要視される保育において、あえて子どもにやらせない、保育者の興味を前面に出すという判断は避けられがちです。しかし、保育者が本格的な道具を駆使したり、真剣に園生活を楽しんだりする姿に子どもたちが憧れを抱き、それが主体的な活動の原動力となる場合があるようです。子どもの参加を考慮しないからこそ、大人の知恵や技を全力で発揮できるという面もあります。また、子どもにさせない、保育者の興味を前面に出すといっても、根底に園生活をよくしたい、子どもと体験したいという思いがあれば、それは一方的な押し付けとは異なるといえます。

　魅せる保育者という発想は、保育者一人ひとりが個性を発揮して活躍できる可能性をもたらします。また、「せんせい」としてのみに留まらない、子どもと大人の関係性を拓くものとも考えられます。

● 多様な人々のチームワークでつくる園生活（14）

　保育者は、保育のスペシャリストであり、子どもにとって魅力的な大人の一人に違いありません。他方、常に一緒に過ごす保育者は、伴走者という面も大きいとも思われます。そうしたなかで、少し離れて調理や環境整備などに勤しむ人々は、ひときわ憧れや興味を刺激する存在として子どもの目に映ります。また、保育者的でない言葉遣い、態度は、子どもたちに安心感を与えます。どれほど配慮していても、保育者は子どもにとって教育者、評価者という側面があります。教育的評価をしない大人の存在は、集団生活に疲れた子どもに

とっての拠り所となり得ます。

事例では、保育者とその他職員が日頃から言葉を交わし、相談や提案ができる関係性がみられました。職場環境の改善という観点からも、立場を超えた職員の交流を促し、チームで園生活をつくるという文化を醸成することが大切です。

• 園の「いま」を発信し「これから」を創造する保護者組織（15）

これまでもこれからも、園にとって保護者は、ともに子どもを支える重要なパートナーです。一方、時代の流れとともに、保護者と園の距離感が変化し、大々的に行事を開催するような協働が難しい場合もあります。本事例で紹介された、園と全保護者の間に立ち、動画や会報を通して園の文化を発信するという保護者組織の取り組みは、時代のニーズに適っています。

園の文化に興味をもち、バックアップする保護者の存在は、保育にとって物理的な協力以上に心強いものとなり得ます。

• 外部の専門家とよりよくつながるための「相互成長」（16）

アーティストや地域の専門家と連携した事例は多くみられます。しかし、その場限りの関係に終始してしまうこともあるようです。また、専門家の力を保育のために消費するような関係は、どこかで行き詰る可能性が高いといえます。本事例では、藤田さんと園が継続的につながり、実践と対話を繰り返すなかで活動を創作していく過程が紹介されています。独創性溢れる藤田さんと接することは、子どもたちはもちろん、保育者や保護者にとっても刺激となっていました。さらに、藤田さん自身も、表現活動と園での活動を関連付け、学びや挑戦の機会としてとらえていたことが印象的でした。

双方が求め、成長しあう関係性は、園と外部（地域や専門家）が継続的かつ発展的につながる要となります。

• 地域の営みに溶け込む園生活（17）

保育的な連携を超えた、子ども・園と須田さんとのご近所さん、お得意様としての関係性がとても印象に残る事例です。普段から地域を散策し、必要な道具や食材はなるべく地域の商店で購入する、その繰り返しの中で、園生活は地域の営みに溶け込んでいきます。

みんなで子どもを見守る社会を実現するためには、園生活を地域に根付かせ、園の子どもを地域の子どもにしていく工夫が必要です。そのように地域を巻き込みながら拓かれた保育環境は、量的にも質的にも豊かなものであると確信します。

終　章

これからの保育環境を
創造しよう

1 「枠」を超えるとワクワクが見えてきた！

これまでの「枠」を超えるということ

　私たちの生活、そして保育の枠組みは急速に変容しようとしています。NTTドコモが設置するモバイル社会研究所の調査によれば、2010年時点でわずか4.4%であったスマートフォンの普及率（15〜79歳）は、2024年には97.0%まで拡大しています。子どもたちの遊びにもその影響は及び、いまや多くの子どもたちがスマートフォン等でゲームや動画を楽しんでいます。

　保育実践でのデジタルメディアやICTの活用も進んでおり、動画配信、オンラインチャットを用いた「リモート保育」まで登場しています。関連して、グローバル化の波も押し寄せています。例えば、2015年の国連総会で採択された「持続可能な開発目標（Sustainable Development Goals：SDGs）」は、子どもたちの探究活動のキーワードとしても意識されるようになりました。さらに、「こども誰でも通園制度」の本格実施に至れば、保育時間に対する見方は新たな局面を迎えることでしょう。保育環境はデジタル空間、世界をも取り込み、爆発的に広がっています。

　現代社会では、何もしなくとも保育環境の「枠」が広がっていきます。しかし、受け身に徹するだけでよいのでしょうか？　領域や価値観が際限なく広がっていく時代だからこそ、これまでの保育環境を見つめなおし、一つひとつに備わる魅力や価値を十分に味わう必要があるのではないでしょうか？

　本書は「枠を超える」と題していますが、ここまで紹介してきた事例のほとんどは、すでに存在している空間や時間、人に対する視野を拡げ、誰もがいまよりワクワクできる園生活を描き出すための取り組みでした。「枠を超える」とは、むやみやたらに新しいものを取り入れることではありません。既存の保育環境を探求し、これまで見えていなかった意味や可能性を発見することです。

　デジタル化やグローバル化といった言葉が先行しがちですが、安心と挑戦とが循環し、すべての人で子どもの切れ目のない育ち支える社会の実現には、その土地に根を張り、子どもと大人の暮らしを総合的に充実させる保育環境を目指していくことが重要です。

探究を通してみえてきたワクワクを振り返る

　各事例からは、子どもの遊びをもっと深める、子どもと大人の生活をもっと自由でゆとりあるものにする、多くの人がもっと活躍し手を取り合うための環境構成のヒント、すなわち、もっとワクワクする保育のためのヒントを見出すことができました。ここでは、それらについて今一度振り返っておきたいと思います。

 空間

　空間の章では、部屋などのかたちや目的は自在に創造できること、園の敷地外や注目されることの少ない空間にも魅力が詰まっていること、想像の領域と現実の領域が循環的につながっていることが示されました。

- よく「保育室が使いづらい」「すぐ気が散って遊びが深まらない」という相談がありますが、壁や没入型空

間を作るという発想が身近になれば、講じられる手立ては多くなります。また、いろいろな壁によって生じる奥行きは、新たな空間表現を生み出し、単に面積的な意味に留まらない場の拡大につながる可能性があります。

- 地域に活動の場を求めれば、より豊かな素材や人との出会いが生まれます。その際は、非日常的な「お出かけ」に終始するのではなく、地域と園の日常を行き交わせていく発想が大切です。地域は保育環境の一部であり、保育環境は地域の一部なのです。

- 通園バスなどあまり注目されてこなかった空間も、子どもに安心や経験をもたらし、保育者が目的意識をもって臨める保育環境となり得ます。そうした空間を活かすためには、子どもの姿を読み解き、潜んでいる役割や魅力を理解することが重要です。

- 子どもの幸せと大人の幸せは結

びつくと考えるならば、保育者がホッとできる空間・時間も立派な保育環境といえます。大人のための環境を作る場合でも、すべての人の意見に耳を傾け、主体的かつ民主的な手続きで進めていくことが成功の鍵となります。

- 想像は現実から生まれ、現実を変革するアイデアは想像から生まれます。イマジネーションとリアリティ、アートとサイエンスを過度に隔てず、行き来を楽しんでみましょう。

 時間

時間の章では、主活動や平日以外の時間帯だからこその意味や過ごし方があること、保育の節目は必要に応じて見直せること、活動の場や結果だけでなくプロセスも保存できることが提起されています。

- おやつ時間が捕食に加えて「楽しい時間」となり、預かり保育や土曜保育が「自由に過ごせる時間」となっ

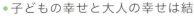

終章――これからの保育環境を創造しよう

121

たように、あらゆる時間に生活を豊かにするための可能性が見出せます。子どもをよく観察し、各時間帯の特徴や面白さを探ってみましょう。場合によっては、保育者の子ども時代を振り返り、楽しさを継承していくという発想も有効です。

- 行事はこれまでの生活の集大成としても、これからの生活の出発点としてもデザインできます。行事前後の園生活を柔軟に考えることができれば、より子どもの遊びのプロセスを尊重したり、ゆとりをもって保育に当たったりすることにつながります。
- 年度の「区切り」を「移行」としてとらえてみましょう。すべてを一斉に変えるのではなく、普段から振り返りや対話を重ねる、部分的・段階的な変化を取り入れることで、年度切り替えに伴う子ども・保育者・保護者の負担を軽減できる可能性があります。
- 活動の経過や道具、場を美しくディスプレイすることで、継続や発展を促すことができます。熱中していた時間を呼び起こし「またやりたい!」「自分もやってみたい」と思えるような遊びの残し方を工夫してみましょう。

人

　人の章では、保育者には「魅せる」役割もあること、栄養士などの職員には一般的な職務を超えて担っている役割があること、時代に応じた保護者との連携があること、外部人材と継続的かつ発展的な関係を構築するためのポイントについて取り上げました。

- 保育者が全力で知恵や技を発揮したり生活を楽しんだりする姿は、子どもの活動の源泉となります。自分

の特技や個性が活かせることは、ひとり一人の保育者がのびのびと活躍できる機会を拓いていくことでもあります。
- 栄養士や用務員などの職員は、子どもが、保育者とは異なるかたちの憧れや安心感を抱く存在です。彼らが担っている役割を広く見通し、ともに園生活を担う人的環境として連携を深めていくことが大切です。
- 保護者組織が、内外に園の文化を発信し、今後を展望するパートナーであることは、これからの時代において非常に重要です。物理的な連携が困難だからこそ、保護者は園の情報を欲していますし、園文化に対する保護者の理解は何より心強いです。
- アーティストなどの外部人材と連携する際は「相互成長」を実感できることが理想です。そのためには、単発ではない継続的なつながり方を意図する、外部人材が園や子どもとかかわるメリットにも目を向ける、対話的に活動を創造するなどの工夫が必要です。
- 地域の人々と手を取り合うためには、園生活を地域に根付かせましょう。日常的に子どもたちと地域を歩き、園で必要なものは地域の商店などから買い求める生活のなかで、園の子どもは地域の子どもになっていくのです。

2 これからの保育環境を創造していくために

できることから「私流」「私たち流」ではじめてみよう

ここまでたくさんの提案を行ってきましたが、これらを一気に実践しようとするのは難しいです。園のリソースは有限ですし、大切にされている文化もあります。いまの保育環境を見渡してみたうえで、できそうなこと、必要なことから少しずつ取り入れてみてください。

また、各事例の内容をそっくりそのまま応用する必要はまったくありません。重要なのは、これまでの保育は無意識に「枠」に囚われていたのではないか？　「枠」を超えた先にもっと面白い世界が拓けるのではないか？　という意識をもってみることです。自分が絶対視していたもの、見落としていた空間・時間・人が見えたならば、あとはこれまでとは異なるやり方、あり方をいろいろ試してみるのみです。「私流」「私たち流」で、ワクワクしながら保育環境を拡げていきましょう。

環境を構成していく際の留意点

なお、取り組みにおいてはいくつかの留意点があります。例えば、事例1で紹介したようなDIYで壁を作る方法には、思わぬケガや事故の危険が伴います。壁の高さや形状によっては、防災上の問題となることも懸念されます。必要な知識や技術を確認しつつ安全に進めていきましょう。また、通園バスを楽しむために安全を疎かにしたり、栄養士などに本務以上の過度な負担を強いたりしては本末転倒です。何度か指摘してきた通り、環境を変えようとする前には、いまがどうなっているのか、その環境に備わっている特徴は何かを丁寧に見極める習慣をつけましょう。

3 まだまだ尽きないワクワクの鉱脈

本書では、保育環境のなかでも空間・時間・人に焦点を絞って考えてきました。しかし、物や不定形の概念のようなものまで、保育環境は膨大に存在しており、「枠」も、それを超えることで拓けるワクワクも尽きません。最後に、その一例として「色」について探究した事例を紹介します（**18**）。

色には、赤や青といった一般的な名称や規格があります。それはそれで有用に違いありませんが、そうした「枠」を超えてみると、その場その時の色に思いを馳せ、自身の体験や感情を保存するメディアとして活用するといった新たな向き合い方がみえてきます。

「色」以外にも、一般的な「枠」にとらわれ、使い方や楽しみ方を狭めてしまっているものは多くあるように思われます。身近に存在するものをあらゆる角度からみつめ、味わい尽くす習慣をつければ、保育も人生ももっと豊かになりそうです。

18

色　ドキュメンテーション

「色」の世界は奥深いです。2022年度に園の保護者会長でもあった、
須藤和之さん（日本画家）の作品を子どもたちと見に行きました。
須藤さんが普段使用している岩絵具の材料を持ってきてくださり、
オリジナルの色を作って制作している話を聞きました。
その時、園の子どもたちが、花びらや葉っぱ、石や木の実などをすりつぶし、
調合して色を見つけている姿を思い出しました。
園で普段使用しているメーカーの各種画材は、いつも使える素材として、
質においても保育環境を支えてくれています。
そうした様々な素材や色と出会って遊ぶことは、子どもの好きな活動の一つだと思います。
そこで、改めて「色」の世界を楽しむ保育環境について考えてみたいと思います。

清心幼稚園（群馬県前橋市）

保育環境における「色」を考える

1 「色」もいろいろ

保育環境は「色」にあふれています

「色」の魅力は何でしょうか。透き通る色、輝く色、柔らかな色、温かな色、色がもつイメージは多様です。「色」は光の波長やそれらを感じる私たちの視覚に仕組みがあって、人によって好みも多様です。

園生活では、いたるところに「色」との出会いがあります。自然に恵まれた環境があれば、四季の移り変わりも色で感じるかもしれません。園舎や園庭の構造、デザインにおける配色、花壇に咲く花、保育室の家具や照明などの色、日頃の持ち物や服装も色の環境になっているかもしれません。いずれにしても、園の環境は「色」であふれていると思います。

遊びの中に見られる「色」とのかかわり

園では、花びらや葉っぱなどの自然物を潰して合わせる、水彩絵の具、水彩色鉛筆を使ってその混ざり具合を楽しむ姿があります。経験が重なれば、気に入った色を見つけたい、綺麗な色を作りたいという願いが芽生えて、楽しみ方も変わっていきます。

紙面の都合上、紹介は一部に留まりますが、つくった色水を凍らせてそれを溶かしながら染め物をする、調合してできた色にゼラチンを含ませて固めて持ち歩く（**写真1・2**）などに展開した年もありまし

（写真1）ゼラチンを使って「色」を固める
（写真2）とっておきたい、運びたいと言って集まった「色」たち

た。ライトを当ててみたり、目線よりも天井に飾ってみるとそのグラデーションが浮き上がって、それも面白かったです。

そうした「色」と出会う子どもの姿で、はっとしたことがありました。

美術館で絵画や彫刻を見ているうちに、描きたくなった子どもが、黒鉛筆と画用紙で模写をしていました。しばらくして、色も塗りたくなったようで、係の人に相談に行きました。そこでは鉛筆以外は使えないことがわかり、鉛筆での表現を考え始まし

た。持ち方を変えてみたり、描いた部分を指で擦ったりしていったのです。そして、「みてみて、いろが出てきたよ」と私に伝えてきました。黒鉛の濃淡で表現する中で見つけた「色」、その子どもの感覚に驚かされました。そして、色と出会う保育環境をどのように整えるのか、改めて見直すきっかけになりました。

いろいろな素材と親しみたい

　かつて、伝統的な日本の色は、植物や果樹、鳥など自然由来の呼称が多く、風土がベースになっていました。何色か重ねた美しさ、「かさね色目」は平安時代の頃から四季の移り変わりや着物の重ね着を表現する文化として広がりました。そうした四季を楽しむ自然と結びついた伝統色の名前に微細な濃淡の美しさ、情緒的な趣さも感じます。普段使用しているメーカーの画材の色合いともどこか異なるように思います。メーカーの画材もいろいろです。同じメーカーでも何種類かの画材が用意されています。同じ色の名前でもメーカーごとに微妙に表現が異なります。「色」と出会う保育環境を考え

るだけでも楽しくなってきます。

　園では、似たような色や素材を用途によって使い分けて置いておき、比較的自由に使えるように準備しています(写真3)。色鉛筆は100色以上の色が出ていますが、子どもたちは、実際の色を感覚で見て選んで使っているようです。

2　「色」を味わう感覚や表現を拡げたい

描くことが苦手な子どもにも

　コロナ禍では直接「見る」環境の大切さを感じていました。「色」と出会う環境についても感覚を拡げていきたいと思っていました。当時の3歳児は、夏ごろから色水に興味を持って経験を重ねていた子どもがいる一方で、色や画材等に関心を示さない子どももいました。その背景には描くことへの苦手意識もあったようでした。4歳児になるとその傾向が顕著になり、担当の保育者と、そうした苦手な気持ちを薄くする、誰もが参加できそうな遊びを考えていました。

　6月、赤城山遠足を前に、現地でどのような活動をするか話し合いました。赤城山の自然の中で出あう景色を感じるよい機会になると思いました。そして感じた思いを何かで記録したいと考えました。その際、デジタルツールではなく、曖昧な表現ができるアナログな方法の面白さを大事にしました。そして、自分が感じた気持ちや思いを「色」で塗って表現することを思いつきました。「塗る」感覚であれば、参加しやすくなると思いました。[1]

(写真3) いろいろな色の素材 (一例)

形状を変えたら、意識が変わりました

　遠足の散策では、たくさんの画材を運ぶことはできません。選んだのは普段も使っている水彩色

鉛筆です。比較的軽くて、水筆を使えば手軽に混色が楽しめます。画用紙の持ち運びは大変なので、ハガキサイズの厚紙を検討しました。しかし、どこか違和感がありました。フォトフレームのような長方形型が「描く」ことを促すように思ったのです。そこで、丸型に形を変えてみました。丸型の紙を持ってみると、上下左右がなく、どこから塗ってもよさそうでした。長方形型のように「描く」気持ちになりにくく感じました。紙の形状も保育環境の一つとして検討する余地がありそうです。

この時、丸型の紙で適当だった素材は、ドリンク用のコースターでした。紙の厚さや硬さが絶妙で、子どもの手にもおさまりやすく、折れにくいので外出先でも使いやすさ抜群でした。彩色したところに水筆を重ねると、コースターがちょうどいい具合に水分を吸って、色同士を滲ませながら混ざっていきます。曖昧な表現で遊ぶのにもぴったりでした。

3 感じる・記録する・話す

どの子どもも楽しんでいました

天候に恵まれた遠足でした。標高約1,500m、季節は新緑から初夏へと移り変わるころです。1日の散策を終え、今日感じたことや思ったことを、「色」にして丸型の紙（以下、コースター）に塗ってみることを担当の保育者が子どもたちに提案しました。

すると、どの子どもも興味を示して塗り始めました。保育者が、コースターの裏側に子どもの思ったことや感じたことを聞いてメモしました。

「色」を塗ったコースターを園に持ち帰り、後日、その思いを子どもたちと共有して聞き合いました**(写真4)**。具体的な絵は描いていませんが、子ども自身がイメージして着色した色が、赤城山でどんなものを見て、どんな思いをしていたかを鮮明に思い出

（写真4）遠足後の「色」を集めて掲示。子どもと対話型鑑賞をした
（写真5）赤城山の土で記録する
（写真6）「はっぱがきれいだったよ（左）」「つちでいろがおとせるから、せかいにあるものもえんぴつになるのかな（右）」
（写真7）色を置きながら描く。次第に山の稜線が浮き上がってきた

させるようでした。

　最近もこの遊びを続けていて、コースターを直接、岩や斜面に擦り付けてコースターに「色」を移しとったり、コースターの表面が削ってその痕跡を残したりする遊びも楽しんでいます (写真5・6・8)。

「色」を通して拡がる対話と表現

　気持ちや思いを色で記録し、子どもたちと対話型鑑賞することが面白かったので、その後もこの遊びを続けました。保育室やテラスに道具を置いておき、いつでも活動できるようにしました。公園や町などで遊んだりフィールドワークしたりする時も持ち歩きました。同じ場所でも違った色が集まってくるので、多様な表現が可視化されるのもユニークでした。それぞれの子どもたちの思いを聞きながら「色」の世界やその物語を楽しみました。

　4歳児の時から2年近くも続くと、興味・関心のもち方には個人差がありましたが、卒業時まで続きました。子どもそれぞれのアルバムを保育室に置いて保管し、持ち帰りました (写真9)。こうした生活を重ねていた子どもたちは、日頃の園生活でも色への観察眼が鋭くなっていたようでした。

　ある子どもは、畑で育てていたナスの茎や葉っぱ、ヘタの微妙な色の違いを言葉にし、またある子どもは、見えた色を少しずつ画面に落としながら描いていました。これは5歳児の夏、泊まり保育の際に見た夕日に感動し、「色が塗りたくなった」と気になるところから塗っていった描画です (写真7)。山の稜線や夕日のグラデーションは、その色一つひと

つを塗って表現し、それがだんだん風景となり浮き上がっていきました。

4 「色と旅する」感覚で楽しんでいます[2]

「色」で記録する私主体のドキュメンテーション

　最近は、丸型のコースターに色をつける遊びを園外の小学生や大学生、大人対象にも広げて遊んでいます。今朝の気持ち、最近感動したこと、遊びなどテーマを決めてワークショップ的に実施することもあります。前述しましたが、同じテーマでも表現する色が異なるので、理由を聞いていくと、多様な対話になります。ちなみに、何枚か描いてもらった場合は、その一部をいただいて園に持ち帰り、アーカイブしています。そのコースターと色が、時と場所を超え、その先の誰かと繋がっていくのも面白いと思うからです。例えば、数十年後、100年後の清心幼稚園の保育者やスタッフ、関係者に届くことを想像するとワクワクしてきます。

　自分で記した「色」のコースターを子どもがお家に持ち帰り、その「色」を通じて子どもとおうちの人との想像が繋がっていけば、おうちの人もより子どもの気持ちなって、子ども理解も進むように思います。そして、子ども本人が大人になったときは、このコースターが、幼児期の時の自分を教えてくれるでしょう。こんな子どもの時があった、こんな思いや気持ちを抱いていた、そんなかつての自分に出会えたらなんだか嬉しくなると思います。そんな私主体のドキュメンテーションにもなっていくのもいいなと思っています。

（写真9）一人ひとりのコースターを入れるアルバム

1）「塗る」ことも「描く」ことの一つですが、本文中の「描く」は具体的な絵を描く表現の時に使用し、「塗る」は画面を塗っていく表現の時に使用して使い分けています。
2）「色と旅する」は保育者側がつけたイメージの呼称で使用しています。

（写真8）赤城山遠足での思いを「色」にして塗る

おわりに

　執筆するにあたって、保育環境のいろいろな「枠」を意識したところ、自分自身について気がついたことがありました。それは私が、「こうしたらできるかも？」「現実的ではないから面白いのでは？」と想像したり、別ルートを探してアプローチしたりすることが好きだということです。未開拓の保育環境であれば、さらにワクワクしてきます。

　ワクワクについて思い起こせば、開拓者気質で多趣味な祖父と過ごした幼少期の記憶が蘇ります。祖父は写真や歴史が好きで、高山植物、氷瀑、道祖神の撮影をはじめ、関越自動車道建設に伴う発掘調査現場の遺跡説明会や千葉県の地層で化石探しなど、私をさまざまな場所に連れていきました。当時はよくわからなかったのですが、今、園の子どもたちと一緒にフィールドワークし、地域の方とのやり取りに心躍らせていることを顧みれば、あの日々が現在の私の思考・志向につながっていると感じます。

　保育環境の見直しはキリがありません。かといって、私たちが疲弊してしまっては元も子もないです。日本の保育が「量から質へ」と舵を切っていく中で、本書がそれぞれの保育を豊かにする端緒となれば幸いです。子どもも私たちも幸せになるワクワクを、読者の皆さまと今後も探していけると嬉しいです。

　最後になりますが、執筆の機会をくださった境愛一郎先生と、私の拙い文章を整え、丁寧にご助言くださった中央法規出版の編集者・平林敦史さんに心より御礼申し上げます。

栗原啓祥

本書をお読みくださり、誠にありがとうございます。読者の中には保育環境にお悩みの方も少なくないかもしれません。私自身、環境構成の重要性は理解していながらも、実際に取り組む際に「どう変えたらいいのか」と迷い、変えられない条件ばかり考えて行き詰まった経験があります。しかし、そうしていても現実は変わりません。むしろ、「こうしたい」と思い描く保育環境そのものが、既存の「枠」にとらわれていたのだと思います。こうした「枠」に気づくには他園の保育を知り、自園の保育を見つめ直すことが不可欠です。

　「枠」の気づきは清心幼稚園の実例からもありました。例えば、事例6の「イマジネーションとリアリティの境界を楽しむ遊び」を知り、本園の空想遊びにもさらなる可能性を感じてワクワクしました。こうした"ワクワク"こそ、保育をより面白くする原動力だと思います。一方、本園は広い園庭に恵まれているため、園外環境を取り入れる工夫（事例3）をあまり意識していなかったことにも気づかされました。また、制約があるほうが保育を豊かにする可能性もあると再認識しました。とはいえ、制約があることを面白くするには"難しさを楽しむ"保育者のワクワクが欠かせません。本書を通じて、こうしたワクワクを少しでも感じられたなら、これほど嬉しいことはありません。

　最後になりましたが、共立女子大学の境愛一郎先生と中央法規出版の平林敦史さんには、多大なるご協力を賜りました。ここにあらためて深く感謝申し上げます。

濱名潔

著者紹介

編著者　境愛一郎（さかい・あいいちろう）

共立女子大学家政学部准教授、博士（教育学）。宮城学院女子大学助教を経て現職。著書に『保育環境における「境の場所」』（ナカニシヤ出版、2018年）、『質的アプローチが拓く「協働型」園内研修をデザインする：保育者が育ち合うツールとしてのKJ法とTEM』（ミネルヴァ書房、2018年）がある。

著者　栗原啓祥（くりはら・ひろあき）

認定こども園清心幼稚園（群馬県前橋市）副園長。修士（教育学）。青山学院大学大学院教育人間科学研究科で学び、現在は、子どもが思いや想像を発揮し、さまざまなかかわりを通して創出する実践と環境を探求している。

著者　濱名潔（はまな・きよし）

認定こども園武庫愛の園幼稚園　法人本部　副本部長、博士（教育学）。保育現場での実践と理論の融合を目指し、園内研修のデザインや保育者の専門性向上に関する研究も行っている。

これまでの枠を超えれば「ワクワク」がみえてくる
空間・時間・人を拡げる　保育環境の構成

2025年3月1日　発行

編著者	境愛一郎
著者	栗原啓祥・濱名潔
発行者	荘村明彦
発行所	中央法規出版株式会社
	〒110-0016　東京都台東区台東3-29-1　中央法規ビル
	Tel 03-6387-3196
	https://www.chuohoki.co.jp/
印刷・製本	株式会社ルナテック
装丁・本文デザイン	Boogie Design

定価はカバーに表示してあります。
ISBN978-4-8243-0192-5

本書のコピー、スキャン、デジタル化等の無断複製は、著作権法上での例外を除き禁じられています。また、本書を代行業者等の第三者に依頼してコピー、スキャン、デジタル化することは、たとえ個人や家庭内での利用であっても著作権法違反です。
落丁本・乱丁本はお取り替えいたします。

本書の内容に関するご質問については、下記URLから「お問い合わせフォーム」にご入力いただきますようお願いいたします。
https://www.chuohoki.co.jp/contact/